清晰发音全靠它

声母发音训练

胡雪婵◎著

贾飞勇◎审定

图书在版编目（CIP）数据

清晰发音全靠它：声母发音训练/胡雪婵著.
北京：光明日报出版社，2024.6. -- ISBN 978-7-5194-8040-0

Ⅰ.H116.1

中国国家版本馆CIP数据核字第2024RF2029号

清晰发音全靠它：声母发音训练
QINGXI FAYIN QUAN KAO TA : SHENGMU FAYIN XUNLIAN

著　　　者：胡雪婵	
责任编辑：刘兴华	责任校对：宋　悦　温美静
封面设计：中联华文	责任印制：曹　净
审　　　定：贾飞勇	

出版发行：光明日报出版社
地　　址：北京市西城区永安路106号，100050
电　　话：010-63169890（咨询），010-63131930（邮购）
传　　真：010-63131930
网　　址：http://book.gmw.cn
E - mail：gmrbcbs@gmw.cn
法律顾问：北京市兰台律师事务所龚柳方律师

印　　刷：三河市华东印刷有限公司
装　　订：三河市华东印刷有限公司
本书如有破损、缺页、装订错误，请与本社联系调换，电话：010-63131930

开　　本：170mm×240mm	
字　　数：288千字	印　　张：20
版　　次：2024年6月第1版	印　　次：2024年6月第1次印刷
书　　号：ISBN 978-7-5194-8040-0	
定　　价：89.00元	

版权所有　　翻印必究

内容简介

一、内容设置

  本书重点关注儿童发音能力的提升问题。儿童在阶段性语言学习过程中，容易产生口齿不清、发音错误或混淆等现象，尤其是针对一些声母，如"n"音常发作"l"，"zh、ch、sh"常发作"z、c、s"，以及"j""q""x"的混同，平翘舌不分，无法发卷舌音等。一般来说，除较为严重的病理性发音障碍，通常我们可以通过家长、成人的积极干预提升儿童的发音能力。为了解决广大家长对儿童发音问题的烦恼，本书基于互动语言学理论、实验语音学理论、神经可塑性理论和儿童最近发展区等理论，以传统方法和音位对比法相结合的功能语境训练方法为核心技术，进行既科学有趣，又契合儿童需求的发音提升训练，推出"评估、讲解、训练"三位一体的锻炼模式，为家长提供儿童发音能力提升的正确引导。

  本书结合最新研究理论，将音位对比法灵活纳入训练方案，拓展为两大训练体系：传统方法和音位对比法。传统方法下设23节，涵括所有声母；音位对比法则下设31个最小对比对，将易混淆的声母分组，并进行比较学习，力求为不同需求的儿童找到个性化训练方式。训练方案基本思路包括发音原理、发音部位、发音方法解说、听辨训练的多感官参与、发音联想的日常生活举例，以及综合训练中单字、词语、短语、句子、绕口令等循序渐进的练习材料，整套训练方案丰富有趣、浅显易懂，儿童在发音能力提升的同时，也锻炼了识字、组词、造句的技能。同时，为了方便成人和儿童的理解和实际操作，我们的训练材料配有训练促进点说明和特色的游戏环节，例如，声母 b 中的"金鱼鼓鼓""萝卜跑跑"游戏，声母 p 中的"我会形容它""我是小小朗读者"游戏等，寓教于乐的双向互动，才是儿童发音提升的关键所在。

除了科学严谨的训练方案以及游戏设计，在儿童版例词的选取方面，严格把控选词质量，以教育部制定的《义务教育语文课程标准》中的语文课程常用字表一、二为纲领，标注时采用首字母顺序标注法，拼音标注采取拼音指南方法，比如：

（一）单字训练

1. 笔（bǐ）（1B-88）：其中，1B 代表"本字位于字表一的 B 列；88 表示的是在 B 序列的汉字中位于 88 号"。

2. 勿忘我（wù wàng wǒ）（2W-789）：其中，2W 代表字表二的 W 列。

（二）双音节词

辨别（biàn bié）（1B-107）将双音节词中的核心字突出标示红色，通常以首字为主进行标注，仅部分选词在第二个字标注。

（三）短语训练

仅标注被修饰核心词，用红色突出标示，例如，出厂的产品（chū chǎng de chǎn pǐn）（1C-181）。

二、参考书目

本书参考《义务教育语文课程标准（2022年版）》（北京师范大学出版社），如图 1 所示。

图1《义务教育语文课程标准（2022年版）》

儿童发音问题是常见的，但任其发展和会随年龄得以提升从而忽视的想法是不科学的。广大家长，让我们携起手来，为儿童的语言健康共同努力！

目 录
CONTENTS

第一章　传统方法声母训练 ····································· 1

第一节　声母 b ·· 1
第二节　声母 p ·· 10
第三节　声母 m ··· 17
第四节　声母 f ·· 23
第五节　声母 d ·· 29
第六节　声母 t ·· 35
第七节　声母 n ·· 41
第八节　声母 l ·· 47
第九节　声母 g ·· 54
第十节　声母 k ·· 61
第十一节　声母 h ·· 67
第十二节　声母 j ··· 73
第十三节　声母 q ·· 79
第十四节　声母 x ·· 85
第十五节　声母 zh ··· 91
第十六节　声母 ch ··· 97
第十七节　声母 sh ··· 103
第十八节　声母 r ··· 109
第十九节　声母 z ··· 115
第二十节　声母 c ··· 121

第二十一节　声母 s ·· 127
第二十二节　零声母 y ·· 133
第二十三节　零声母 w ·· 139

第二章　音位对比法声母训练·· 145

第一板块　发音部位相同，发音方法不同·· 145

第一节　声母 b 和声母 p ·· 145
第二节　声母 d 和声母 t ·· 150
第三节　声母 g 和声母 k ·· 155
第四节　声母 j 和声母 q ·· 161
第五节　声母 zh 和声母 ch ·· 167
第六节　声母 z 和声母 c ·· 172
第七节　声母 sh 和声母 r ·· 177
第八节　声母 n 和声母 l ·· 182

第二板块　发音方法相同，发音部位不同·· 187

第一节　声母 h 和声母 x ·· 187
第二节　声母 j 和声母 z ·· 192
第三节　声母 b 和声母 d ·· 197
第四节　声母 m 和声母 n ·· 202
第五节　声母 t 和声母 k ·· 207
第六节　声母 b 和声母 g ·· 212
第七节　声母 j 和声母 zh ·· 217
第八节　声母 f 和声母 x ·· 222
第九节　声母 x 和声母 sh ·· 227
第十节　声母 c 和声母 ch ·· 232
第十一节　声母 d 和声母 g ·· 238
第十二节　声母 p 和声母 t ·· 243

目 录

第十三节　声母 f 和声母 sh …………………………………… 249

第十四节　声母 q 和声母 ch …………………………………… 254

第十五节　声母 f 和声母 h ……………………………………… 259

第十六节　声母 h 和声母 sh …………………………………… 264

第十七节　声母 f 和声母 s ……………………………………… 269

第十八节　声母 sh 和声母 s …………………………………… 274

第十九节　声母 x 和声母 s ……………………………………… 279

第二十节　声母 z 和 zh ………………………………………… 284

第二十一节　声母 h 和声母 s ………………………………… 289

第二十二节　声母 q 和声母 c ………………………………… 294

第二十三节　辅音 n 和 ng …………………………………… 299

后　记 ……………………………………………………………… 304

第一章　传统方法声母训练

第一节　声母 b

一、发音原理

（一）发音部位及发音方法

1. 发音部位

"b"是双唇、不送气、清、塞音，涉及的发音部位是双唇，发音方法是双唇闭合，形成闭塞，接着软腭上升，堵塞鼻腔通路，声带不振动，然后使口中微弱的气流冲破双唇形成的阻碍，爆破成声。

2. 发音方法

成阻和除阻的正确处理是发"b"的关键。

可以采用下面的方法：发音时，双唇闭合，形成气流通路的完全阻塞，避免出现闭合不完全的情况，然后双唇突然张开，有微弱的气流从口中冲出，爆破成声。

（二）发音游戏

游戏 1：金鱼鼓鼓

训练方法：儿童紧闭双唇，成人喊："开始鼓气！"并通过数数来引导儿童向嘴巴里鼓气。慢慢数1、2、3，喊到3时双腮鼓至最大。然后喊出"爆破"，儿童听到命令后迅速用力吹气。

可以在儿童面前放置纸张，吹气时将面前纸张吹动即可。成人和儿童依次轮流进行，比较谁将纸张吹动得更明显。

训练促进点：此训练可锻炼儿童双唇力量。通过鼓气—爆破来锻炼唇部力量和双唇音的发音，达到准确发出双唇音的目的。

训练材料：无。

游戏2：萝卜跑跑

训练方法：儿童假扮逃走的小萝卜，成人假扮捉萝卜的小兔子。双方的行动限制在房间内，二者均蒙住眼睛，游戏以听声辨位的方式进行。

游戏开始，小兔子首先快速、连续、大声地喊出"ba ba ba ba ba"，小萝卜听到后应立刻回应，同样喊出"ba ba ba ba ba"。双方根据对方声音发出的方向判断位置，进行移动。小兔子碰到小萝卜，小兔子胜利，小萝卜失败。

成人可在任意音乐平台搜索歌曲"Universal Fanfare"以进行辅助训练，使儿童熟悉"b"等双唇音的发音。

训练促进点："b"涉及的发音部位为双唇，通过快速连续地发出"b"音，以达到锻炼儿童双唇灵活性的目的。

训练材料：无。

二、听辨训练

能够分辨出"b"和其他声母发音的不同，是正确发出"b"的前提，可采用下面的游戏练习分辨"b"的发音。

游戏1：基础版聚沙成塔——听声辨声母

训练方法：准备单独带有"b""d"的硬卡片、一个计时工具和若干儿童喜爱的玩具。

计时为1~2分钟，规定时间内，成人发一个音，儿童听到后快速拿出对应的卡片，答对则奖励一个玩具。

游戏重点为辨清声母b和声母d的发音区别，即听辨。成人选择发音时应注意重复训练"b"，发音应足够清晰、响亮。

训练促进点：通过进行声母b、声母d的听辨能力训练，以加强儿童分辨"b"与"d"的能力。通过倒计时和奖励以提高儿童的注意力和反应速度，加强记忆。

训练材料： b、d。

游戏 2：进阶版聚沙成塔——口型辨音

训练方法： 准备单独带有声母 b、声母 d 的硬卡片。步骤和玩具准备与基础版相同。

成人此时注意口型上的改变，不必发出声音。理想状态为嘴巴闭拢为"b"，嘴巴打开为"d"。速度可以放慢或适当夸大口型上的变化，必要时可以用手势加以引导，引导儿童注意口型变化。

训练促进点： "b"为双唇音，其发音部位为双唇，在口型上则体现为嘴巴闭拢—张开。"d"为舌尖中音，在口型上体现为嘴巴呈张开状。二者在口型上有明显不同。分辨口型确定发音声母，促进儿童对发音方式的体会，以便更好地发音。

训练材料： b、d。

游戏 3：太空人

训练方法： 准备儿童喜欢的玩具、单独带有"b"和"p"的卡片、计时工具、一张纸巾。

儿童坐在纸巾前面，成人随机出示"b"或"p"的卡片。儿童根据卡片快速发音。出示"p"时，儿童应将纸巾吹动；出示"b"时，纸巾不应被明显吹动。

时间计时为 1~1.5 分钟，规定时间内根据儿童答对次数，游戏结束后予以奖励。

训练促进点： "p"为送气音，发音时呼出的气流比较强；"b"为不送气音，发音时呼出的气流比较弱。纸巾的运动变化可以使儿童更直观地感受气流变化，体会二者发音关键。通过计时和奖励增强儿童的紧迫感和兴趣，提高注意力。

训练材料：b、p。

三、发音联想

（一）生活中的发音

爸爸的哥哥叫"伯伯"。

（二）趣味发音游戏

游戏：抢购

训练方法：准备小黑板、本子、笔、杯、抱枕、饼干、背包及其他多种日常物品。

在发音中涉及"b"音的物品上放置带有声母 b 的硬卡片。将物品散落摆放在一个规定空间内。计时 2~3 分钟。

计时开始，成人和儿童进入房间开始分别寻找带有声母 b 硬卡片的物品，找到后大声喊出该物品的名字视为成功找到。游戏结束后双方依次展示自己找到的物品，此时成人应注意引导儿童准确说出物品的名字。

训练促进点：通过找寻日常用品上的声母 b 来辅助联想，加强训练儿童"b"的发音，对日常物品的熟认，以及头脑联想能力。双方竞争、计时的方法有利于提高儿童的注意力，动手能力和发现能力。

训练材料：黑板、本、笔、杯、抱枕、饼干、包等。

四、发音练习

（一）单字练习

爸（1B-33） 笔（1B-88） 波（1B-122） 布（1B-139）
杯（1B-71） 包（1B-59） 编（1B-100） 板（1B-47）
本（1B-82） 饼（1B-118）

（二）单字游戏

游戏1：开学第一天

训练方法：准备小黑板（可自制）、本、笔、杯子、书包等物品。儿童扮演老师，成人扮演学生。双方配合演习开学第一天时成人与学生会做的各种事。

成人："老师好。"

儿童："同学好，请坐。"

成人："老师，你要不要自我介绍一下？"【引导】

儿童：【自我介绍】

成人："老师，你写字的板子是什么？"【引出"黑板"】

儿童："黑板。"【带领成人朗读】

成人："新学期，我没有写字的东西。"【引导儿童拿出本和笔】

儿童：【发放本与笔】

成人：【引导儿童说出"本""笔"及写出单字】

成人："老师，你教什么呀？"【可引导儿童为其讲故事、画画】

成人："老师，你渴了吧，我给你倒水。"【引出"杯子"】

成人：【询问"杯子"的读音】

儿童：【引领学生朗读"杯子"】

成人依据此种方式引导儿童练习所学单字，如"包"等。

成人："谢谢老师，您辛苦了，老师再见。"

儿童："再见。"

训练说明：如儿童发音不好，则成人可装作不会以引导儿童反复练习。

训练促进点：以儿童扮演教师（赋予其主动权以增强儿童参与兴趣），成人扮演学生（暗中进行引导）的方式，通过"教师"反复教"学生"练习的方式以达到"教师"练习所学单字，提升"b"发音的准确性和流畅度的训练目的。同时教师与学生的互动为日常常见情境，成人可顺势引导儿童体会其中的种种礼仪、事项等。

训练材料： 板、本、笔、杯、包等。

游戏 2：打败恶龙

训练方法： 准备儿童喜爱的玩具，准备柔软靠垫叠落成山丘形成"障碍"，使用纸条或胶带组成若干四方框，以供跳来跳去。成人可准备其他简易"障碍"，在每一"障碍"必经之路放置一张卡片，分别为"爸""饼""八""冰"。

游戏开始，假设儿童喜爱的玩具被恶龙夺走，玩具位于重重障碍的尽头。儿童需要勇闯障碍，解决问题以解救玩具。途中有精灵（成人）来帮助儿童。儿童每翻越一个"障碍"后，需要正确念出卡片上的字，才能继续下一关，直至成功解救玩具。

故事情节也可换作成人被恶龙抓走，儿童成为超人去解救成人。

训练促进点： 通过正确说出"爸""饼""八""冰"以提高儿童发音的准确性和流畅度，巩固单字练习。

训练材料： 爸、饼、八、冰。

五、综合巩固

（一）词语练习

bā bǎi　　　　bì bèi　　　　bì bǎng
八百（1B-26）必备（1B-90）臂膀（1B-98）

bái bǎn　　　　bèi bāo　　　　bǎo biāo
白板（1B-36）背包（1B-77）保镖（1B-63）

bān bù　　　　bīng bàng　　　biǎo bái
颁布（1B-44）冰棒（1B-114）表白（1B-110）

biàn bié
辨别（1B-107）

游戏：抽牌

训练方法： 所学十个词语任意选择五个，将对应的带字图片制作两份，即总共十张，作为纸牌。

打乱十张纸牌，预先抽出一张不用。成人和儿童依次拿取纸牌，然后双方依次从对方手中抽取纸牌。如果抽到的卡片与自己手中的纸牌之一相同，则把它摆放出来，并说出成对卡片名称。直至最后落单的一方剩下一张卡片无法成对，游戏结束。

训练促进点：将带有所学词语的卡片作为纸牌进行游戏，巩固训练所学词语。

训练材料：芭比、八百、爸爸、臂膀、背包、保镖、宝贝、报表、冰棒、表白等。

（二）短语练习

隔壁的伯伯（1B-127） 奔跑的步兵（1B-140）
被捕的绑匪（2B-21） 北部的冰雹（1B-114）
保存的标本（1B-109）

游戏：梦里的小孩

训练方法：准备一张白纸和儿童喜欢的画笔。成人提供故事关键要素，由儿童填补空白及绘画。

开头示例：有一天晚上××（儿童名字）做了一个奇妙的梦，梦见旁边搬来一个邻居，这个邻居没有头发，看上去比爸爸年纪大一些，拄着一根拐杖，你觉得他应该长什么样子呢？【引导儿童】这天你见到了他，你应该管他叫什么？【"伯伯"】那他对你来说就是住在你隔壁的伯伯。这个伯伯家里有很珍贵的东西，你想知道是什么吗？那要先念对这个短语——"隔壁的伯伯"。

以此类推，儿童只有说对相应短语后，才能继续进行。

故事梗概参考："隔壁的伯伯"—伯伯家中"保存的标本"—伯伯家进小偷—伯伯求救—儿童救不救—报警—"被捕的绑匪"—伯伯感谢儿童。

训练促进点：通过以串联短语的方式巩固所学短语的发音及含义，通过儿童构思故事细节、选择故事方向、进行故事绘画、成人引导的互动方式增强儿童的兴趣和主动性。

训练材料： 隔壁的伯伯、保存的标本、被捕的绑匪等。

（三）短句练习

1. 贝贝喜欢吃冰棒。
2. 国家颁布了新的森林保护法。
3. 他对于方位有很强的辨别力。
4. 本次比赛的最后一个项目是拔河。
5. 春节期间来奶奶家拜年的人一拨又一拨。

游戏：兑奖

训练方法： 在地板上布置可供往返跳跃的圆圈。将短句写在长纸条上，句中标红的部分也相应标红。将长纸条上的句子分解成词，并剪开，打乱顺序后放入圆圈内。如"贝贝""喜欢""吃""冰棒"。

儿童假扮成袋鼠，胸前放一口袋，在圆圈之间跳来跳去收集分解的纸条。每收集到一张都大声读出，然后放入口袋，收集完毕后到指定地点将碎片整合。儿童自己将纸条拼接成完整句子，用胶带将纸条复原，然后可以获得奖励。5个句子的难度依次攀升，应根据情况更换不同的等级奖励。

训练促进点： 组词成句的游戏方式可初步训练儿童的语法、语感，通过大声朗读的方式巩固发音，通过运动式的收集方式增加游戏的趣味性及儿童的积极性，通过将纸条复原的过程锻炼儿童的动手能力。

训练材料： 贝贝喜欢吃冰棒；国家颁布了新的森林保护法；他对于方位有很强的辨别力；本次比赛的最后一个项目是拔河；春节期间来奶奶家拜年的人一拨又一拨。

（四）绕口令练习

八百标兵奔北坡，

炮兵并排北边跑，

炮兵怕把标兵碰，

标兵怕碰炮兵炮。

游戏：标兵与炮兵的手绢

训练方法：设置一个较大的圆圈作为轨道，左边为成人领地，右边为儿童领地。成人与儿童各执一个玩具，通过移动玩具进行游戏。游戏开始，成人在自己领地范围内选择任意位置面向圈内而坐，儿童执玩具绕圆圈进行运动。根据绕口令"八、百、标、兵、奔、北、坡……"驱使手中玩具进行移动，说一字移动一步，说得越快移动越快，另一方可拍手配合节奏。游戏中儿童手执一条手绢，移动到成人领地内时，可出其不意将手绢丢在地上。此时绕口令的声音停止，成人发现，拿起手中玩具开始追赶儿童，儿童跑回自己领地内坐好即为胜利，随后游戏由成人开始念绕口令再次进行。如果儿童被成人抓到，则儿童重复之前的步骤以等待机会再扔手绢。

训练促进点：通过念绕口令的方式巩固前面所学内容。通过驱使玩具进行运动的方式增大体力消耗强度，减小了在室内玩丢手绢的难度和游戏时间。通过加快念诵绕口令的速度，提升儿童对该绕口令的熟练度。

训练材料：八百标兵奔北坡，炮兵并排北边跑，炮兵怕把标兵碰，标兵怕碰炮兵炮。

第二节　声母 p

一、发音原理

（一）发音部位及发音方法

1. 发音部位

"p"是双唇、送气、清、塞音，涉及的发音部位是双唇，发音方法是双唇闭合，形成闭塞，接着软腭上升，堵塞鼻腔通路，声带不振动，然后使口中较强的气流冲破双唇形成的阻碍，爆破成声。

2. 发音方法

成阻和除阻的正确处理是发"p"的关键。

可以采用下面的方法：发音时，双唇闭合，形成气流通路的完全阻塞，避免出现闭合不完全的情况，然后双唇突然张开，有较强的气流从口中冲出，爆破成声。

（二）发音游戏

游戏 1：乒乓球荡秋千

训练方法：将乒乓球用一根软绳子粘住，成人手持绳子另一端，垂直摆放在儿童嘴巴前1厘米处，引导儿童发"p"的音，因为"p"的发音会送气，乒乓球会受气的推动向前摇摆。

训练促进点：根据摆动的幅度可以让儿童更直观地感受到气息的变化，从而练习发"p"音的送气发法。

训练材料：无。

游戏2：守护纽扣

训练方法：用绳子穿过一颗纽扣的纽扣口，放在儿童牙齿和嘴唇的中间，紧闭双唇，成人稍微用力将绳子向外扯，引导儿童用唇部力量"守护"纽扣，根据力度的变化逐渐提高儿童的唇部力量。

训练促进点：加强双唇的力量，提高发"p"音的能力。

训练材料：无。

二、听辨训练

能够分辨出"p"和其他声母发音的不同，是正确发出"p"的前提，可采用下面的游戏练习分辨"p"的发音。

游戏1：糖果回家

训练方法：准备足够数量的糖果，三个盒子分别写上声母p、声母b、声母m。成人朗读以下语段，当念到带有声母p的字时，把一颗糖果放入p盒子；当念到带有声母b的字时，要把糖果放入b盒子；当念到带有声母m的字时，要把糖果放进m盒子。

训练促进点：速度可以循序渐进，集中儿童注意力，练习听辨能力。

训练材料：白娃娃，彭娃娃，饽饽铺里卖饽饽。白娃娃买的饽饽大，彭娃娃买的饽饽小。马上拿回家里给妈妈，妈妈又去比饽饽。妈妈不知白娃娃买的饽饽大，还是彭娃娃买的饽饽大。

游戏2：听声赛跑

训练方法：准备两个棋子，在桌子上画一条横线，两个棋子放在同一起跑线上，分别代表声母p、声母b，儿童操作"p"棋子，成人操作"b"棋子，由成人朗读词语，读到含有声母p的词语儿童走一步，读到含有声母b的词语成人走一步。

训练促进点：成人朗读语速可以由慢到快，逐渐提高儿童对"p"和"b"的听辨能力。

训练材料：偏僻、品牌、澎湃、乒乓、攀爬、批评、婆婆、拼盘、匹配、爬坡、琵琶、枇杷、批判、偏颇、八百、芭比、必备、爸爸、臂膀、白板、背包、保镖、宝贝、报表、冰棒、表白、辨别、颁布等。

三、发音联想

（一）生活中的发音

老鼠偷走了小松鼠的松子，花猫警长在山坡上追这个扒手，花猫警长边追边寻求其他小动物的帮助。小兔子、小刺猬都赶来帮忙，小兔子拔起路边的萝卜，朝老鼠扔过去。小刺猬将装满水的水盆从山坡上泼了下去，水沿着山坡流啊流。慌乱之中，老鼠踩到水，摔了一跤，趴倒在山坡上。这时候小动物们纷纷端出了自家的水盆，从山坡上向下泼"p"。在大家的共同努力下，坏老鼠得到了应有的惩罚。

（二）趣味发音游戏

游戏：争做小小配音家

训练方法：成人准备瓶泡泡水，吹泡泡，引导儿童读出"泡泡"，可以让儿童靠近泡泡发音，由于"p"是送气音会使得泡泡破裂，更能提高儿童对"p"发音的认识。成人可以拍手，发出"啪啪"的声音，引导儿童发"啪"的音。成人可以用两个玩具做出相撞的动作，拟音"砰砰"，引导儿童发"砰"的音。

训练促进点：通过声音增强儿童对"p"音的记忆，提高语言表达能力。

训练材料：啪、砰。

四、发音练习

（一）单字练习

爬（1P-1329）鹏（1P-1359）跑（1P-1346）

破（1P-1395）攀（1P-1336）盆（1P-1355）

品（1P-1382）胖（1P-1343）平（1P-1383）

判（1P-1338）

（二）单字游戏

游戏1：寻找小宝藏

训练方法：准备含有声母 p 的较多卡片，按照顺序排列成"S"形，卡片可依据儿童自身情况由简单到复杂排列，在终点处放置一个盒子，里面装着一些小礼物或者玩具，作为奖励。成人引导儿童从起点处朗读卡片，按照顺序依次朗读，朗读需要准确，这样才能进行下一个词的朗读，最后获得小奖励。

训练促进点：从字开始，速度由慢到快，分阶段系统地练习，加强发音能力。提高儿童注意力，调动儿童兴趣，进行语言训练。

训练材料：平、砰、破、瓶、碰、片、泡、偏、评、票、盘、铺、鹏、派、怕、屁、婆、牌、配、撇、迫、拍、陪、裴、沛、篇、魄、跑、普、胖、潘、皮、屏、朋、便、拼、喷、漂、萍等。

游戏2：飞行棋比赛

训练方法：准备一张飞行棋图纸，让儿童和成人分别拿着不同颜色的棋子按照顺序移动，两人轮流朗读含有声母 p 的字，只有说对了才能向前移动一格，谁先到达终点谁就胜利。在比赛中准备较多含有声母 p 的字，引导儿童进行朗读。

训练促进点：从字开始，分阶段系统地练习，加强发音能力。提高儿童注意力，调动儿童兴趣，进行语言训练。

训练材料：平、砰、破、瓶、碰、片、泡、偏、评、票、盘、铺、鹏、派、怕、屁、婆、牌、配、撇、迫、拍、陪、裴、沛、篇、魄、跑、普、胖、潘、皮、屏、朋、便、拼、喷、漂、萍等。

五、综合巩固

（一）词语练习

偏僻（piān pì）（1P-1371） 品牌（pǐn pái）（1P-1382） 澎湃（péng pài）（2P-573）

乒(pīng)乓(pāng)（2P-583） 攀(pān)爬(pá)（1P-1336） 批(pī)评(píng)（1P-1363）

婆(pó)婆(po)（1P-1393） 拼(pīn)盘(pán)（1P-1379） 匹(pǐ)配(pèi)（1P-1368）

爬(pá)坡(pō)（1P-1329）

游戏：你画我猜

训练方法：准备纸和彩笔，成人和儿童轮流画画让对方猜，准备好画画内容的材料，在动手动嘴的过程中提高"p"的发音能力。

训练促进点：在手脑并用的同时，提高儿童发音能力，提升游戏趣味性，提高训练效果。

训练材料：批判、批评、品牌、匹配、评判、乒乓、婆婆、爬坡等。

（二）短语练习

婆(pó)婆(po)的(de)品(pǐn)味(wèi)（1P-1382） 偏(piān)颇(pō)的(de)批(pī)评(píng)（1P-1363）

品(pǐn)牌(pái)评(píng)选(xuǎn)（1P-1384） 平(píng)台(tái)匹(pǐ)配(pèi)（1P-1368）

乒(pīng)乓(pāng)乓(pāng)乓(pāng)（2P-565）

游戏：我会形容它

训练方法：准备好一些精美卡片，包含带有声母p的字或词语，用卡片引导儿童说出如"婆婆的品味""平台匹配""乒乓乓乓""偏颇的批评"等，在儿童读音正确之后适当地给予儿童一些鼓励与奖励，如糖果等。提高儿童的兴趣，提高训练效果。

训练促进点：运用视觉吸引的方式，提高儿童对字词的理解，促进发音的同时可以提高儿童的审美能力。

训练材料：婆婆的品味、平台匹配、乒乓乓乓、偏颇的批评、品牌评选等。

（三）短句练习

1. 小潘喜欢吃枇杷。
2. 许多专家批评了短视频的乱象。
3. 皮皮正在和好朋友们一起打乒乓球。
4. 婆婆说当初她是弹琵琶的一把好手。
5. 许多品牌的产品都在这个平台上进行售卖。

游戏：我是小小朗读者

训练方法：准备一些短句，分别放在一些信封里，制作一个信箱，让儿童扮演"朗读者"，随机抽出信封，引导儿童认真标准地朗读"信件"的内容。

训练促进点：通过多样化的游戏体验，多种角色的扮演，让儿童提高学习兴趣，循序渐进地加强对句子的朗读以及理解，同时可以在训练之时促进价值观的引导。

训练材料：小潘喜欢吃枇杷；许多专家批评了短视频的乱象；皮皮正在和好朋友们一起打乒乓球；婆婆说当初她是弹琵琶的一把好手；许多品牌的产品都在这个平台上进行售卖。

（四）绕口令练习

一平盆面，

烙一平盆饼，

盆碰饼，饼碰盆，

烙出一平盆平面饼。

游戏：烙面饼

训练方法：成人与儿童一起将肢体语言与绕口令相结合。如读到"一平盆面"时，成人和儿童同时用双手摆出"○"，模拟圆盆；读到"烙一平盆饼"时，成人和儿童分别用双手手臂在胸前围一个圈；读到"盆碰饼，饼碰盆"时，鼓掌两次；读到"烙出一平盆平面饼"时，成人与儿童转身击掌。在亲子互动中提升语言能力，提高"p"的发音能力。

训练促进点：训练儿童加强"p"的发音，提高儿童的记忆能力。

训练材料：一平盆面，烙一平盆饼，盆碰饼，饼碰盆，烙出一平盆平面饼。

第三节　声母 m

一、发音原理

（一）发音部位及发音方法

1. 发音部位

"m"是双唇、浊、鼻音，涉及的发音部位是双唇，发音方法是双唇闭合，形成闭塞，接着软腭下降，打开鼻腔通路，气流振动声带，并从鼻腔流出形成鼻音。

2. 发音方法

软腭下降，使气流从鼻腔流出的正确处理是发"m"的关键。

可以采用下面的方法：发音时，双唇闭合，形成气流通路的完全阻塞，避免出现闭合不完全的情况，然后气流从鼻腔流出而发出鼻音。

（二）发音游戏

游戏 1：隐藏糖果

训练方法：准备糖果若干。儿童将少量糖果放入口中并用舌头托住，同时嘴唇闭合，成人猜测儿童口腔内糖果数量，儿童需保持上述状态发出"姆姆"声并伴随点头或摇头判断答案。

训练促进点：这个训练可以用道具形式缓解颌骨与舌的紧张程度，同时练习发出鼻音。

训练材料：无。

游戏 2：接电话

训练方法：准备纸杯两个，细线一根组成"土电话"，成人与儿童对坐，各自将手放于声带处，发出任意音节使声带振动模仿电话铃声方可传话。

训练促进点：训练声带振动，使儿童自主尝试发出浊音。

训练材料：无。

二、听辨训练

能够分辨出"m"和其他声母发音的不同，是正确发出"m"的前提，可采用下面的游戏练习分辨"m"的发音。

游戏 1：拼音扫雷

训练方法：准备写有声母 b、声母 p、声母 m 的卡片若干。成人将卡片整齐地摆放于桌面，规定声母 b 和声母 p 为炸弹。儿童在"扫雷"时需读出卡片上的声母并判断是否为炸弹，错误三次即为游戏失败，儿童需模仿炸弹爆炸"beng"的声音才能继续游戏。

训练促进点：重复进行三个双唇音"b""p""m"的发音，能够使儿童结合游戏形式牢记声母 m 与声母 b 和声母 p 发音方法的不同。

训练材料：b、p、m。

游戏 2：包公断案

训练方法：准备含有声母 b、声母 p、声母 m 的词语卡片若干。儿童扮演包公，成人大声朗读卡片内容及所属声母来迷惑儿童（如说出"宝贝"以"p"音为声母，实际以"b"音为声母），由儿童判断"案件"真伪并提出意见（如"宝贝"是以"b"音为声母的）。成人根据儿童判断正确的数量给予奖励。

训练促进点：这个训练能够锻炼儿童注意力，激发儿童学习拼音的兴趣，同时明确三个圆唇音的区别并能对其进行区分。

训练材料：宝贝、版本、表白、白板、报备、批评、品牌、婆婆、评判、乒乓、妹妹、迷茫、妈妈、密码、面貌等。

三、发音联想

（一）生活中的发音

1. 妈妈妹妹去集市，去集市，买什么？买麻花，买木瓜，买玉米，买鲜花。走回家，妹妹闹着买窗花。
2. 老牛会发出"哞哞"的叫声。

（二）趣味发音游戏

游戏：我是配音员

训练方法：成人向儿童介绍牛的相关知识，并引导儿童模仿牛的叫声"哞哞哞"。

训练促进点：这个训练能够使儿童在发"m"音的时候联想到该场景。

训练材料：哞哞哞。

四、发音练习

（一）单字练习

妈（1M-1168）米（1M-1225）毛（1M-1193）
买（1M-1178）满（1M-1184）眉（1M-1205）
忙（1M-1188）面（1M-1235）命（1M-1247）
默（1M-1262）

（二）单字游戏

游戏1：大米搬运工

训练方法：准备米粒一把。成人规定需要的米粒数，儿童在数米粒时说出"一粒米、两粒米……"，数好米粒后倒入碗中，成人根据儿童完成情况给予适当奖励。

训练促进点：重复练习相关字，能够提升儿童发"m"音的熟练度，同时培养儿童对简单计数和粮食作物的基本认知。

训练材料：米。

游戏 2：小小采购家

训练方法：准备图画卡片、金币巧克力若干。成人和儿童分别扮演售货员与顾客进行超市游戏，儿童说出"我要买……"，并用巧克力换取卡片，游戏结束后根据卡片数量奖励儿童一定数量的巧克力。

训练促进点：通过自主兑换奖励的方式，提升儿童参与训练的积极性，从而反复进行声母 m 的发音。

训练材料：买。

五、综合巩固

（一）词语练习

má mù　　　　　　　　　mì mì　　　　　　　　　mò míng
麻 木（1M-1169）秘 密（1M-1227）莫 名（1M-1259）

miàn mào　　　　　　　　mìng míng　　　　　　　mào mèi
面 貌（1M-1235）命 名（1M-1247）冒 昧（1M-1197）

mǎi mai　　　　　　　　méi mao　　　　　　　　měi miào
买 卖（1M-1178）眉 毛（1M-1205）美 妙（1M-1211）

mén miàn
门 面（1M-1213）

游戏：明天星期几

训练方法：准备日历。成人手指日期示意儿童，并询问"今天星期×，明天星期几"，引导儿童回答"明天星期×"。多次进行该训练，根据儿童完成情况给予奖励。

训练促进点：重复练习声母 m 的发音，能够提升儿童的发音熟练度，同时培养儿童基本的时间观念。

训练材料：明天。

（二）短语练习

妈妈的面膜（1M-1235） 盲目的谩骂（1M-1187）
猫咪的名字（1M-1244） 迷茫的妹妹（1M-1212）
摩斯密码（1M-1228）

游戏：我最了解它

训练方法： 准备猫咪毛绒玩具一个。成人引导儿童观察该"猫咪"并促成对话："这是什么？""小猫咪。""它摸起来怎么样？""毛茸茸的。"最后让儿童给它取个名字，并引导儿童向成人说出："小猫咪的名字是××。"结束后将玩具送给儿童。

训练促进点： 通过日常互动和礼物赠予的方式使儿童自然参与到声母 m 的发音训练中，同时增进亲子关系，提高儿童发音熟练程度。

训练材料： 猫咪、毛茸茸、摸、名字。

（三）短句练习

1. 妈妈让我帮她修改密码。
2. 小明在高考前树立了明确的目标。
3. 系统默认的初始模式是可以修改的。
4. 广东省中山市是以人名命名的地名。
5. 她每天努力训练，期待成为一名宇航员，探索宇宙的秘密。

游戏：妈妈和积木

训练方法： 准备积木若干。成人（妈妈）与儿童读短句练习中的句子，读对了就选一块积木搭建作品，二人搭建完毕之后，成人引导儿童数清两个作品中继母的数量并完成汇报："妈妈用了×块积木，我用了×块积木，我比妈妈多（少）用了×块积木。"成人根据儿童完成情况给予适当奖励。

训练促进点： 重复练习相关句式，提升儿童对声母 m 的掌握程度。

训练材料：积木、妈妈。

（四）绕口令练习

妈妈骑马，马慢，妈妈赶马。
牧童磨墨，墨抹牧童一抹墨。
小猫摸煤，煤飞小猫一毛煤。

游戏：木马挑战

训练方法：准备木马一架，成人将奖励放在桌面上，规定时间为5分钟。儿童需清晰读出绕口令："妈妈骑马，马慢，妈妈赶马。牧童磨墨，墨抹牧童一抹墨。小猫摸煤，煤飞小猫一毛煤。"之后骑木马2分钟，如时间有剩余即可获得一份奖励，超时则需重新挑战。

训练促进点：重复练习相关绕口令，能够提升儿童发音的熟练程度，掌握含"m"音的单字与词组。

训练材料：妈妈骑马，马慢，妈妈赶马。牧童磨墨，墨抹牧童一抹墨。小猫摸煤，煤飞小猫一毛煤。

第四节　声母 f

一、发音原理

（一）发音部位及发音方法

1. 发音部位

"f"是唇齿、清、擦音，涉及的发音部位是上齿和下唇，发音方法是上齿接触下唇，形成窄缝，接着软腭上升，堵塞鼻腔通路，声带不振动，然后使口中的气流从窄缝中挤出，摩擦成声。

2. 发音方法

正确发出擦音是发"f"的关键。

可以采用下面的方法：发音时，上齿与下唇相接触，气流从二者之间的窄缝中流出，摩擦成声。

（二）发音游戏

游戏 1：运输小帮手

训练方法：准备一张卡纸，一些较轻的物品，如糖果、米等。成人引导儿童用下唇接触上齿，并把卡纸放在唇齿之中，可以在卡纸上放置一些较轻的物品，让儿童保持唇齿姿势，对物品进行"运输"。

训练促进点：通过游戏的方式，发音儿童更清楚发音时唇齿摆放的位置，促进发"f"音时对唇齿力量的训练。

训练材料：无。

游戏2：吹雪花

训练方法：准备足够的雪花形纸片，放置于成人的手中，让儿童保持发"f"音时的唇齿位置，引导儿童保持口型练习吹气，把"雪花"吹起来。可以调整手到嘴巴的距离，促进儿童气息的训练。

训练促进点：通过游戏，练习气息，使儿童能持续送气，促进"f"音的掌握程度。

训练材料：无。

二、听辨训练

能够分辨出"f"和其他声母发音的不同，是正确发出"f"的前提，可采用下面的游戏练习分辨"f"的发音。

注：事实上和"f"比较容易搞混的音是"v"，汉语普通话里的元音"u"在零声母音节中出现时有两个自由变体[w][v]，很多时候零声母加"w"开头的我们也会发成"v"，比如，"烦"和"玩"，所以对"f"和零声母加"w"开头的进行区分。

游戏1：对就击个掌

训练方法：成人与儿童面对面，让儿童关注成人发音的口型，成人分别念含有"f"和"w"的字，如果含有"f"音，则需要儿童左手与成人左手击掌一次；如果含有"w"音，则需要儿童右手与成人右手击掌一次。可以通过速度的改变促进儿童的分辨能力。

训练促进点：让儿童在游戏中观察"f"和"w"发音时的口型，以便掌握声母f的发音。

训练材料：发、分、放、法、非、方、风、费、飞、饭、夫、我、为、无、五、物、文、问、王、畏、完、外等。

游戏2：登顶之赛

训练方法：准备一个玩具，用盒子堆成一个阶梯状，在顶峰放置奖励，儿童拿着玩具，成人念词语，只有儿童听到5个含有声母f的词语，才能让玩具往上走一步，儿童需要集中注意力，走到顶峰才能获得奖励。

训练促进点：通过游戏，增强儿童听辨含有声母 f 的词语的能力，区分"f"和"w"。

训练材料：方法、丰富、反复、仿佛、发放、夫妇、反讽、付费、万物、往往、文物、无畏、外围、威武、娃娃、无误等。

三、发音联想

（一）生活中的发音

生活中成人哄儿童吃饭时经常会说"吃饭饭"。

（二）趣味发音游戏

游戏：宝宝吃饭饭

训练方法：准备一只玩具熊、碗和勺子，儿童扮演成人，喂玩具熊吃饭，并引导儿童说出"吃饭饭"。

训练促进点：在发音联想中促进儿童对"f"音的掌握。

训练材料：吃饭饭。

四、发音练习

（一）单字练习

伐（1F-434） 扶（1F-500） 富（1F-521） 佛（1F-493）
饭（1F-448） 房（1F-456） 飞（1F-462） 肺（1F-469）
粉（1F-475） 风（1F-481）

（二）单字游戏

游戏1：纸杯下的秘密

训练方法：准备一些纸杯，再把含有声母 f 的字写在纸上，用纸杯把纸片倒扣放置，蛇形排列，在最后一个纸杯里放置一些小奖励。鼓励儿童按顺序揭开纸杯，念出纸片上的字。

训练促进点：在游戏中，引导儿童准确发出含有"f"音的字，激发儿童好奇心，提高训练效果。

训练材料：发、分、放、法、非、方、风、费、飞、饭、夫等。

游戏2：小袋鼠跳跳向前冲

训练方法：准备一个口袋，系在儿童和成人的腰上，里面放着含有声母f的字的纸片，要求儿童和成人在同一个起点，开始计时，成人和儿童迅速抽出口袋里的卡片，正确快速地念出字，即可向前跳一步，谁先跳到终点则获胜。

训练促进点：通过比赛的方式，引导儿童快速准确地发出含有声母f的字，提高发音流利度，提高训练效果。

训练材料：发、分、放、法、非、方、风、费、飞、饭、夫等。

五、综合巩固

（一）词语练习

发福（1F-432）　夫妇（1F-495）　付费（1F-513）

反方（1F-444）　非法（1F-463）　方法（1F-451）

放飞（1F-461）　吩咐（2F-198）　风帆（1F-481）

蜂房（1F-487）

游戏：占领阵地

训练方法：准备一些卡纸，上面写出以含有声母的字或词语，尽量平铺摆放在桌子上，准备两个盒子，儿童和成人分别手持一个盒子，两个人迅速念出卡片上的词语，正确念出词语之后便可以用盒子收纳卡片，即"占领阵地"，谁先占领一半的"阵地"谁就获胜。

训练促进点：通过游戏，可以在比赛过程中，激发儿童的热情，迅速准确地读出词语，提高发音能力。

训练材料：发福、房费、放飞、芳菲、方法、非法、非凡、肺腑、佛法、纷纷、复发、丰富、夫妇、防范、反腐、吩咐、风范、发疯、繁复等。

（二）短语练习

犯法的富翁（1F-521）　反腐的方法（1F-451）
非法的访问（1F-459）　反复吩咐（2F-198）
防风的风衣（1F-481）

游戏：搬家小能手

训练方法：准备一些物品，把含有声母 f 的短语的贴纸，贴在物品上，成人引导儿童拿着物品，念出短语，再把物品"搬运"到准确的位置，从而完成"搬家"的活动。

训练促进点：在游戏中，提高儿童对字词的理解，促进儿童的发音，以及形容事物的能力。

训练材料：防风的风衣、反复吩咐、非法的访问、犯法的富翁、反腐的方法等。

（三）短句练习

1. 菲菲喜欢放风筝。
2. 农夫拿着斧头去森林里砍树。
3. 范先生是一位非常富有的商人。
4. 父亲反复叮嘱我不要给陌生人开门。
5. 峰峰发愤图强，努力复习，终于取得了满意的分数。

游戏：打捞漂流瓶

训练方法：准备瓶子若干，放入含有声母 f 的短语的纸条，卷起来，放在一个大盆里，引导儿童打捞漂流瓶，打开漂流瓶，念出漂流瓶中的句子。

训练促进点：通过多样化的游戏体验，提高儿童学习兴趣，循序渐进，加强对句子的朗读以及理解。

训练材料：菲菲喜欢放风筝；农夫拿着斧头去森林里砍树；范先生是一位非常富有的商人；父亲反复叮嘱我不要给陌生人开门；峰峰发愤图强，努力复习，终于取得了满意的分数。

（四）绕口令练习

粉红墙上画凤凰，
凤凰画在粉红墙。
红凤凰，粉凤凰，
红粉凤凰，花凤凰。

游戏：凤凰飞

训练方法：儿童和成人一起念绕口令，成人与儿童一起运用肢体语言与绕口令相结合。如"粉红墙上画凤凰"中，"粉"字出现的时候，成人和儿童同时击掌，"凤"出现的时候，成人和儿童同时做出"小鸟"的形状。在亲子互动中提升语言能力，提高对"f"音的掌握能力。

训练促进点：训练儿童对"f"音的掌握能力，提高儿童的记忆能力。

训练材料：粉红墙上画凤凰，凤凰画在粉红墙。红凤凰，粉凤凰，红粉凤凰，花凤凰。

第五节　声母 d

一、发音原理

（一）发音部位及发音方法

1. 发音部位

"d"是舌尖中、不送气、清、塞音，涉及的发音部位是舌尖中部和上齿龈，发音方法是舌尖抵住上齿龈，形成闭塞，接着软腭上升，堵塞鼻腔通路，声带不振动，然后使口中微弱的气流冲破舌尖中部和上齿龈形成的阻碍，爆破成声。

2. 发音方法

成阻和除阻的正确处理是发"d"的关键。

可以采用下面的方法：发音时，舌尖抵住上齿龈，形成气流通路的完全阻塞，避免出现闭合不完全的情况，然后舌尖迅速抽离，有微弱的气流从口中冲出，爆破成声。

（二）发音游戏

游戏1：舌头手指对对碰

训练方法：成人将布偶玩具套在手上，轻轻点击儿童面颊，此时儿童应用舌头移向该点并触碰手指，和小玩偶"飞吻"。成人可以用手指移向面颊各处，训练儿童向不同方向移动舌头。

训练促进点：强化儿童舌头的力度和灵活度。

训练材料：无。

游戏2：小雪人

训练方法：准备冰淇淋或雪糕一支，垂直放在儿童面部前2厘米处，引导儿童伸出舌头舔到雪糕，舔到的同时咬住舌头或上下移动。

训练促进点：训练儿童舌肌发力，锻炼舌肌力量。

训练材料：无。

二、听辨训练

能够分辨出"d"和其他声母发音的不同，是正确发出"d"的前提，可采用下面的游戏练习分辨"d"的发音。

游戏1：卡片选手

训练方法：准备写有"d"和"t"的卡片两张，成人朗读材料，当读到含有声母d的字时，儿童要拿出"d"卡，当读到含有声母t的字时，儿童要拿出"t"卡。

训练促进点：成人读语段的速度可以适当调整，以训练儿童的注意力。

训练材料：谭家谭老汉，挑担到蛋摊。买了半担蛋，挑蛋到炭摊。买了半担炭，满担都是蛋和炭。老汉忙回赶，回家蛋炒饭。进门跨门槛，脚下绊一绊。跌了谭老汉，破了半担蛋。翻了半担炭，脏了木门槛。老汉看一看，急得满头汗。连说怎么办，没了蛋和炭，老汉怎吃蛋炒饭？

游戏2：小马快跑

训练方法：准备玩具小马一个、含有声母d和声母g的字或词语若干，成人慢慢交替朗读词语，每当读到含有声母d的字时，儿童移动小马向前跑一步；读到含有声母g的字时，小马不动。

训练促进点：朗读短语的快慢可以训练提高儿童注意力，加强儿童分辨声母d和声母g的能力。

训练材料：等待、得到、调动、单独、淡定、地点、弟弟、抵达、道德、大地、哥哥、广告、改革、姑姑、巩固、骨干、感官、公共、高贵、攻关等。

三、发音联想

（一）生活中的发音

当马儿跑步时，发出"d–d–d"的声音。

（二）趣味发音游戏

游戏：乐器大合奏

训练方法： 准备不同的简单乐器，如三角铁、手摇铃、小鼓等，成人向儿童介绍不同的乐器名称，模仿乐器发出的声音：三角铃——叮叮叮、手摇铃——当当当、小鼓——咚咚咚。成人可以一边演奏乐器，一边引导儿童模仿乐器的声音。

训练促进点： 通过自然的乐音引导儿童模仿，提升儿童发"d"音的准确程度。

训练材料： 无。

四、发音练习

（一）单字练习

打（1D-302） 弟（1D-353） 肚（1D-400） 刀（1D-326）
戴（1D-310） 登（1D-339） 多（1D-416） 东（1D-382）
电（1D-360） 蝶（1D-373）

（二）单字游戏

游戏1：敲敲门

训练方法： 儿童模拟敲门状，成人引导儿童说："咚咚咚，是谁在里面呀？"成人拿出相应字词卡片，儿童正确认读即"开门"成功。

训练促进点： 先练习字，为后面的词语练习打下基础。分阶段的系统训练，使儿童循序渐进地加强发音。

训练材料：打、弟、肚、刀、戴、登、多、东、电、蝶等。

游戏 2：简易跳房子

训练方法：准备简易的跳房子场地，在格内写出若干含有声母 d 的字或词语。儿童从第一格单脚跳入，每次跳进格子都要模仿落地的声音，说"咚"，准确读出格内的字词后才可以跳到下一格，直至跳到最上方即可成功。

训练促进点：一边运动一边发音可以训练儿童的注意力和发音流畅度。

训练材料：等待、得到、调动、单独、淡定、地点、弟弟、抵达、道德、大地等。

五、综合巩固

（一）词语练习

dà dì（1D-303）　dǐ dá（1D-351）　dì di（1D-353）
大地　　　　　　抵达　　　　　　弟弟

dé dào（1D-335）　dān dú（1D-312）　dàn dìng（1D-319）
得到　　　　　　单独　　　　　　淡定

dào dé（1D-333）　děng dài（1D-340）　diào dòng（1D-368）
道德　　　　　　等待　　　　　　调动

dìng dān（1D-379）
订单

游戏：我做你说

训练方法：成人做出动作，儿童说出相应的词语。例如，成人拍拍肩膀，引导儿童说出我们要有"担当"，儿童之间也可互相拍肩膀；成人做出吹笛子状，引导儿童说出"吹笛子"；成人轻踩地板，引导儿童说出"地板"，儿童之间也可以跟着成人边说边做。儿童熟悉后可进行速度比拼，看谁说得又快又准。

训练促进点：通过日常行为、物品训练帮助儿童掌握声母 d 的发音，并对儿童进行价值观引导。

训练材料：担当、吹笛子、地板、道德、大地等。

（二）短语练习

大量的订单（1D-379）　当地的道路（1D-333）
弟弟的笛子（1D-349）　有担当的导演（1D-327）
捣蛋的豆豆（1D-392）

游戏：短语消消乐

训练方法：准备多张短语卡片，有字的一面向下放置，儿童可随机翻面，大声朗读后放回，在翻面过程中遇到相同的短语卡片即可"消除"。

训练促进点：训练儿童掌握声母 d 的发音，并锻炼儿童记忆力。

训练材料：大量的订单、当地的道路、弟弟的笛子、有担当的导演、捣蛋的豆豆等。

（三）短句练习

1. 弟弟吹笛子。
2. 他被淡黄的蛋饺吸引了。
3. 他紧紧地盯着铜鼎的顶端。
4. 房顶的吊灯坏了。
5. 豆豆呆呆地看着达达送给他的礼物。

游戏：消失的句子

训练方法：准备写有相关句子的白纸，带领儿童认读后盖住句子的一部分，让儿童说出盖住的部分，直至句子被完全盖住。

训练促进点：提高儿童对声母 d 的认读，并训练儿童的记忆能力。

训练材料：弟弟吹笛子；他被淡黄的蛋饺吸引了；他紧紧地盯着铜鼎的顶端；房顶的吊灯坏了；豆豆呆呆地看着达达送给他的礼物。

（四）儿歌练习

什么大，

天大，地大，

比不上我的手大，

我用手掌捂眼睛，

哈哈，天地不见啦。

游戏：童谣操

训练方法： 成人与儿童一边念童谣，一边做动作，例如，拿到"天大"手指天，拿到"地大"手指地，拿到"捂眼睛"便用手遮住眼睛，也可配合其他脚步动作。

训练促进点： 帮助儿童对声母 d 和声母 t 的发音进行区分，并训练儿童的肢体协调性。

训练材料： 什么大，天大，地大，比不上我的手大，我用手掌捂眼睛，哈哈，天地不见啦。

第六节　声母 t

一、发音原理

（一）发音部位及发音方法

1. 发音部位

"t"是舌尖中送气清、塞音，涉及的发音部位是舌尖中部和上齿龈，发音方法是舌尖抵住上齿龈，形成闭塞，接着软腭上升，堵塞鼻腔通路，声带不振动，然后使口中较强的气流冲破舌尖中部和上齿龈形成的阻碍，爆破成声。

2. 发音方法

成阻和除阻的正确处理是发"t"的关键。

可以采用下面的方法：发音时，舌尖抵住上齿龈，形成气流通路的完全阻塞，避免出现闭合不完全的情况，然后舌尖迅速抽离，有较强的气流从口中冲出，爆破成声。

（二）发音游戏

游戏 1：舌尖撞钟

训练方法：准备绳子、糖果。用绳子将糖果吊起，引导儿童伸出舌头撞击糖果，在这个过程中要鼓励儿童用力撞击。

训练促进点：这个训练可以锻炼舌部肌肉的灵活性和反应速度。

训练材料：无。

游戏 2：手指圆舞曲

训练方法： 成人用手触碰儿童面颊的不同位置，引导儿童用舌尖抵住触碰位置。

训练促进点： 这个训练可以提高儿童舌头的灵活度，加强口肌敏感度，促进口腔协调运动，让儿童形成发音时舌尖位置的肌肉记忆。

训练材料： 无。

二、听辨训练

能够分辨出"t"和其他声母发音的不同，是正确发出"t"的前提，可采用下面的游戏练习分辨"t"的发音。

游戏 1：打靶子

训练方法： 准备写有声母 t、声母 d、声母 k 的靶子，成人做出其中一个音的口型，让儿童根据口型来猜测是什么音，并使用玩具弓箭将吸盘射到对应的靶子上。

训练促进点： 训练儿童通过口型辨音的能力，明确发音方法。

训练材料： t、d、k。

游戏 2：千里眼、顺风耳

训练方法： 准备电子屏幕或纸质图片，成人读出含有声母 t、声母 d、声母 k 的词语，儿童听到后要大声说出词语中的声母，并指出对应图片。

训练促进点： 穿插朗读三个音的词语，可以训练儿童区别"t"音的能力，提高注意力。

训练材料： 挑剔、团体、天堂、疼痛、体贴、地点、弟弟、抵达、道德、大地、看客、可靠、刻苦、宽阔、苛刻等。

三、发音联想

（一）生活中的发音

机关枪发射时，发出"突突突"的声音。

（二）趣味发音游戏

游戏：我是小枪手

训练方法：准备玩具机关枪一把，一边打枪一边模仿"突突突"的声音。

训练促进点：引导儿童通过模仿游戏联想到"t"的发音。

训练材料：突突突。

四、发音练习

（一）单字练习

tā（1T-1744） tí（1T-1788） tú（1T-1825） tái（1T-1749）
塌　　　　　　题　　　　　　图　　　　　　抬

táo（1T-1774） tàn（1T-1763） táng（1T-1768） tián（1T-1794）
桃　　　　　　碳　　　　　　糖　　　　　　田

tǒng（1T-1817） tíng（1T-1807）
桶　　　　　　停

（二）单字游戏

游戏1：糖果投篮

训练方法：准备一个小纸盒和各式各样的糖果，如棒棒糖、奶糖、水果糖等，引导儿童把想吃的糖果扔进纸盒内，准确说出糖果名称后方可获得奖励。

训练促进点：可以通过投篮速度的快慢调整儿童发音的频率，训练注意力。

训练材料：棒棒糖、奶糖、水果糖等。

游戏 2：他是谁

训练方法： 准备各种职业的照片，引导儿童说出"他/她是……"的句子，如"她是医生""他是警察"等，这个活动训练日常生活中最常用的"他/她"字，同时加深儿童对各种职业的认识。

训练促进点： 训练日常使用频率非常高的人称代词，同时可以加强儿童对各种职业的认知。

训练材料： 他、她。

五、综合巩固

（一）词语练习

tǐ tiē　　　　　tú téng　　　　　tái tóu
体贴（1T-1790）　图腾（1T-1825）　抬头（1T-1749）

táo tài　　　　　tàng tóu　　　　　tiān tái
淘汰（1T-1776）　烫头（2T-730）　天台（1T-1792）

tiě tǎ　　　　　tuán tǐ　　　　　téng tòng
铁塔（1T-1801）　团体（1T-1833）　疼痛（1T-1783）

tóu téng
头疼（1T-1821）

游戏：找找谁和大家不一样

训练方法： 准备词语练习中的词语卡片，再准备一些双音节词卡片，这些双音节词中的两个字只有一个字的声母是"t"，另一个不是，如"特别""塔吊""糖果"等，将这些卡片混合在一起，随机贴到黑板上，让儿童摘掉声母不一致的词语卡片，并读出所有卡片上的词。

训练促进点： 重复训练这些词，让儿童熟练并准确地辨别和发出"t"音。

训练材料： 抬头、天台、淘汰、特别、糖果等。

（二）短语练习

tàn tǎo wèn tí　　　　　téng tòng de dà tuǐ
探讨问题（1T-1788）　疼痛的大腿（1T-1835）

体贴的<ruby>太<rt>tǐ tiē de tài</rt></ruby>太（1T-1750）甜甜的<ruby>汤圆<rt>tián tián de tāng yuán</rt></ruby>（1T-1764）

高挑的<ruby>体态<rt>gāo tiāo de tǐ tài</rt></ruby>（1T-1790）

游戏：拼图小能手

训练方法：准备一整块拼图。成人在每个拼图背面写上短语，将拼图背面朝上放置，儿童大声正确朗读出短语后即可将对应拼图翻回正面。正确还原拼图原样即可获得胜利。

训练促进点：反复训练相关短语，熟练并准确地发出"t"音。

训练材料：探讨问题、疼痛的大腿、体贴的太太、甜甜的汤圆、高挑的体态等。

（三）短句练习

1. 他晚上天天开台灯。
2. 陶叔叔有个大大的剃须刀。
3. 大耳朵图图冬天不戴手套。
4. 兔子吃完土豆就吐了。
5. 糖糖特别喜欢吃甜甜的糖。

游戏：天天乐超市

训练方法：准备台灯、剃须刀、手套、土豆、糖果等物品。成人和儿童分别扮演售货员和顾客，玩超市购物游戏。设计并引导儿童进行对话："你要买什么？""我要买××，请你帮我拿××。"鼓励儿童重复对话。

训练促进点：重复训练固定句式，可以让儿童在了解生活常识的同时加强对声母 t 的掌握能力。

训练材料：台灯、剃须刀、手套、土豆、糖果等。

（四）绕口令练习

小兔忙忙
小兔抬土推土忙，土推高了小兔藏。
小兔跳跳藏土堆，找到就给甜甜糖。

游戏：小兔抬土

训练方法：准备若干胡萝卜玩具埋在沙坑里以及一个推土机玩具。儿童用推土机把胡萝卜玩具挖出时，引导儿童说出"小兔抬土""推土机"等词语，根据规定时间内挖出的玩具数量给予糖果奖励。

训练促进点：重复训练这些词语，可以让儿童在快乐游戏的同时掌握声母 t 的发音。

训练材料：小兔、抬土、推土。

第七节　声母 n

一、发音原理

（一）发音部位及发音方法

1. 发音部位

"n"是舌尖中浊鼻音，涉及的发音部位是舌尖中部和上齿龈，发音方法是舌尖抵住上齿龈，形成闭塞，接着软腭下降，打开鼻腔通路，气流振动声带，并从鼻腔流出形成鼻音。

2. 发音方法

软腭下降，使气流从鼻腔流出的正确处理是发"n"音的关键。

可以采用下面的方法：发音时，舌尖抵住上齿龈，形成气流通路的完全阻塞，避免出现闭合不完全的情况，然后气流从鼻腔流出而发出鼻音。

（二）发音游戏

游戏1：找番茄

训练方法：成人借助小汤匙将番茄酱涂抹于儿童上齿龈，引导儿童舔舐番茄酱，反复练习。

训练促进点：利用儿童对味道的好奇，帮助儿童找准发"n"音时舌尖应摆放的位置。

训练材料：无。

游戏 2：哼哼哈哈

训练方法：成人选取简单儿歌，如《两只老虎》《铃儿响叮当》等，让儿童跟着音乐哼唱，同时，成人引导儿童注意鼻腔的震动。

训练促进点：由脍炙人口的儿歌入手，帮助儿童找准发音部位。

训练材料：《两只老虎》《铃儿响叮当》《祝你生日快乐》等。

二、听辨训练

能够分辨出"n"和其他声母发音的不同，是正确发出"n"的前提，可采用下面的游戏练习分辨"n"的发音。

游戏 1：仙女救援

训练方法：成人准备仙女小卡片和若干可堆叠的物品，如纸张、书本等。成人将多个物品压在仙女小卡片上。成人读带有声母 m、声母 n 的字或词语，当儿童听到带"n"的词语时，即可移开一个障碍物，直到最终拯救"小仙女"。

训练促进点：提升儿童对声母 m、声母 n 的分辨能力。

训练材料：妈妈、妹妹、密码、奶奶、男女、泥泞等。

游戏 2：奶奶过桥

训练方法：成人准备画有多个"n"形简易小桥的图纸，儿童将手指当作"奶奶"（或用一张老人卡片代替）。成人朗读带有声母 m、声母 n、声母 l 的字或词语，当儿童听到带"n"的字或词语时，即可移动手指（或卡片）"翻"过一座"小桥"，直到顺利翻过所有小桥即为胜利。

训练促进点：提升儿童对声母 m、声母 n、声母 l 的分辨能力。

训练材料：妈妈、妹妹、密码、奶奶、男女、泥泞、理论、力量、流利等。

三、发音联想

（一）生活中的发音

向儿童发出提问时增加语气助词用"呢"，频繁使用引起儿童注意，例如，"去哪里了呢？""你的爸爸呢？""你喜欢什么颜色呢？"等。

（二）趣味发音游戏

游戏：好奇宝宝

训练方法：成人说简单陈述句，引导儿童将陈述句改为以"呢"为结尾的疑问句。如成人说："花是红色的。"儿童说："花是不是红色的呢？"

训练促进点：模拟日常语境，帮助儿童熟悉"n"的发音。

训练材料："花是红色的""花是不是红色的呢""水是蓝色的""水是不是蓝色的呢""树叶是绿色的""树叶是不是绿色的呢"。

四、发音练习

（一）单字练习

拿(1N-1277) 泥(1N-1299) 牛(1N-1313) 挠(2N-532)
脑(1N-1292) 男(1N-1287) 奶(1N-1284) 鸟(1N-1307)
怒(1N-1321) 女(1N-1322)

（二）单字游戏

游戏1：找朋友

训练方法：成人准备声母 n 卡片和若干韵母卡片，如 a、u、ai、iu 等。成人引导儿童给声母 n 找"朋友"（可搭配的韵母），正确拼读成字后大声朗读即为成功。

训练促进点：练习"n"的发音，并训练儿童汉语拼音的拼读。

训练材料：拿、怒、奶、牛等。

游戏2：小牛回家

训练方法：成人准备小牛样式的以"n"为声母的单字字卡，儿童正确大声朗读字卡上的内容即可让该"小牛"顺利回家，最终让所有"小牛"都回家即为胜利。

训练促进点：在反复训练中，提升儿童对声母 n 发音的准确度。

训练材料：牛、闹、脑、男、奶、怒、女等。

五、综合巩固

（一）词语练习

拿捏（1N-1277） 泥泞（2N-547） 呢喃（1N-1294）

奶奶（1N-1284） 南宁（1N-1288） 男女（1N-1322）

能耐（1N-1297） 年年（1N-1303） 牛腩（1N-1313）

扭捏（1N-1309）

游戏：我画你猜

训练方法：成人根据词语在白纸上绘画，可用语言解释，儿童根据图案和说明念出词语。

训练促进点：提升儿童联想能力，并训练"n"的发音。

训练材料：小牛、小鸟、奶奶、男生、女生等。

（二）短语练习

男男女女（1N-1322） 妮妮的能耐（1N-1297）

奶奶的呢喃（1N-1294） 泥泞的泥潭（1N-1299）

嫩嫩的牛腩（1N-1313）

游戏：神奇传声筒

训练方法：成人制作简易传声筒，与儿童各执一端。成人通过传声筒说出短语，儿童听到后准确念出即得分。

训练促进点：充分利用儿童的好奇心，锻炼儿童对含有声母 n 的字或短语的识辨能力，并训练"n"的发音。

训练材料：男男女女、嫩嫩的牛腩、泥泞的泥潭、奶奶的呢喃等。

（三）短句练习

1. 妞妞爱吃奶奶做的嫩嫩的牛腩。
2. 这里有一片泥泞的泥潭，你换条路吧。
3. 男生和女生都要喝牛奶和运动，强健身体。
4. 这头牛发怒了，在农民伯伯的田地里大闹。
5. 那年在那里出现了很多难民。

游戏：暴风救援

训练方法：成人将一句话拆成多个部分并制成词卡。成人先按照句子顺序摆放词卡，让儿童记忆。接着，一阵"暴风"过后，词卡被"吹"乱了。成人引导儿童将句子还原，并大声朗读。熟练后可多句同时进行。

训练促进点：锻炼儿童记忆力和造句能力，并训练儿童"n"的发音。

训练材料：妞妞、爱吃、奶奶做的、嫩嫩的、牛腩等。

（四）绕口令练习

妞妞和牛牛，

牛牛要吃河边柳，

妞妞护柳要赶牛，

牛牛扭头瞅妞妞，

妞妞扭牛牛更牛，

牛牛要顶妞妞，

妞妞捡起小石头，

吓得牛牛扭头溜。

游戏：打电话

训练方法：成人模拟打电话状，问："请问牛牛在干什么呀？"成人引导儿童根据儿歌内容回答："牛牛在吃河边柳。"成人又问："那妞妞在干什么呀？"儿童回答："妞妞护柳要赶牛。"以此类推。

训练促进点：模拟日常生活打电话情境，既练习了儿歌，又锻炼了儿童的交际能力。

训练材料：妞妞和牛牛，牛牛要吃河边柳，妞妞护柳要赶牛，牛牛扭头瞅妞妞，妞妞扭牛牛更牛，牛牛要顶妞妞，妞妞捡起小石头，吓得牛牛扭头溜。

第八节　声母 l

一、发音原理

（一）发音部位及发音方法

1. 发音部位

"l"是舌尖中、浊、边音，涉及的发音部位是舌尖中部和上齿龈，发音方法是舌尖抵住上齿龈，舌头两边仍留有空隙，接着软腭上升，堵塞鼻腔通路，然后气流振动声带，从舌头两边或一边通过。

2. 发音方法

控制软腭的升降是发"l"的关键。

可以采用下面的方法：发音时，用舌尖抵住上齿龈，软腭上升，堵塞鼻腔通路，让气流从口腔通过。同时整个口腔状态放松，舌头弹动，动作幅度较大。

（二）发音游戏

游戏 1：寻找"甜蜜"

训练方法：将果酱涂到儿童嘴唇的上、下、左、右四个位置，引导儿童伸出舌头舔掉果酱。循序渐进，加快舌头移动速度。

训练促进点：增强舌头的力量；增加舌头的灵活性。

训练材料：无。

游戏 2：舌头转圈圈

训练方法：引导儿童用舌头在嘴唇里画圈圈，舌尖从左边口腔内壁顺时针旋转到上嘴唇内壁，再到右边口腔内壁，转一圈回到下嘴唇内壁。由慢到快提高舌头的灵活性。

训练促进点：增强舌头的力量；提高舌头的灵活性；促进"l"的发音能力。

训练材料：无

二、听辨训练

能够分辨出"l"和其他声母发音的不同，是正确发出"l"的前提。可采用下面的游戏练习分辨"l"的发音。

游戏1：小熊回家

训练方法：准备两个小熊玩具和两个盒子，盒子上分别写"l""n"，分别作为两只小熊的家。成人朗读以下语段，当念到含有声母l的字时，小熊A向"l房子"走一步；当念到含有声母n的字，则小熊B向"n房子"走一步。哪只小熊先到家，则为胜利。

训练促进点：速度可以循序渐进，集中儿童注意力，练习听辨能力。

训练材料：刘奶奶找牛奶奶买榴梿牛奶，牛奶奶给刘奶奶拿榴梿牛奶，刘奶奶说牛奶奶的榴梿牛奶不如柳奶奶的榴梿牛奶，牛奶奶说柳奶奶的榴梿牛奶会流奶，柳奶奶听见了大骂牛奶奶，你的榴梿牛奶才会流奶。柳奶奶和牛奶奶泼榴梿牛奶吓坏了刘奶奶。

游戏2：听令赛跑

训练方法：准备两个棋子，在桌子上画一条横线，两个棋子放在同一起跑线上，分别代表"l""n"，儿童操作"l"棋子，成人操作"n"棋子，由成人朗读词语，读到含有声母l的词语儿童走一步，读到含有声母n的词语成人走一步。

训练促进点：成人朗读语速可以由慢到快，逐渐提高儿童对声母l、声母n的听辨能力。

训练材料：理论、力量、流浪、流利、伦理、榴梿、来临、奶奶、奶牛、妞妞、牛腩、泥泞、男女、恼怒等。

三、发音联想

（一）生活中的发音

儿歌——"啦啦啦，啦啦啦"，我是卖报的小行家。

下雨天打雷——"轰隆隆"。

（二）趣味发音游戏

游戏：插上翅膀的想象力

训练方法： 成人准备一些卡片，内容是打雷、《卖报歌》、篮球、力气、狼等。成人引导儿童形容文字，并且说出卡片内容，用声音或者动作模仿卡片内容。例如，"打雷"，儿童可以说："轰隆隆，要下雨啦！"如《卖报歌》，可以引导儿童说出"啦啦啦，啦啦啦，我是卖报的小行家"，以促进"l"音的练习。

训练促进点： 引导儿童通过模仿游戏联想到"l"的发音，在游戏中进行练习发音，提高记忆能力，培养正确的思想观念。

训练材料： 轰隆隆、啦啦啦等。

四、发音练习

（一）单字练习

辣（1L-1015） 柳（1L-1123） 梨（1L-1047） 绿（1L-1149）

蕾（1L-1040） 莲（1L-1073） 楼（1L-1130） 鹿（1L-1139）

林（1L-1101） 骆（1L-1166）

（二）单字游戏

游戏1：我是小小寻宝家

训练方法： 准备较多含有声母l的单字的卡片，按照顺序排列成"Z"形，卡片排列按照字的发音由简单到复杂，在终点处放置一个盒子，里面装着一些小礼物或者玩具，作为奖励。成人引导儿童从起点处朗读卡片，按照顺序依次念字，需要准确朗读，才能进行下一个字的朗读，最后获得小奖励。

训练促进点：从字开始，速度由慢到快，分阶段系统地练习，加强发音能力。提高儿童注意力，调动儿童兴趣，进行语言训练。

训练材料：了、力、狼、领、两、来、聊、拉、哩、乐、令、流、亮、理、啦、留、林、李、龙、楼、累、咯、利、脸、六、冷、落、练、吕、蓝、雷等。

游戏2：脑子转转转

训练方法：准备写有"l"开头的单字卡片以及一些小奖励，成人和儿童一起参与游戏，当拿出一张卡片的时候，可以通过双手击掌抢答并读出卡片内容，谁先抢答出来积一分，率先到20分者胜利并获得小奖励。

训练促进点：从单字开始训练，系统地提高儿童对"l"的发音。提高儿童的注意力和兴趣，使他们能动地参与到训练中，提高训练的效率和效果。

训练材料：了、力、狼、领、两、来、聊、拉、哩、乐、令、流、亮、理、啦、留、林、李、龙、楼、累、咯、利、脸、六、冷、落、练、吕、蓝、雷等。

五、综合巩固

（一）词语练习

拉链（1L-1010） 力量（1L-1058） 绿萝（1L-1149）
姥姥（2L-422） 料理（1L-1094） 联络（1L-1074）
伶俐（2L-460） 浏览（2L-463） 笼络（1L-1126）
落泪（1L-1167）

游戏：我是词汇王

训练方法：准备一个计时器，成人与儿童一起参与游戏，轮流说出含有声母1的词语，倒计时5秒钟，谁回答得多便取得胜利，获得小奖励。成人可以在训练中故意读错，让儿童在游戏中体会成就感，提高训练效果。

训练促进点：通过词语训练，系统地提高儿童对"l"的发音，提高儿童对词语的积累。提高儿童的注意力和兴趣，使他们能动地参与到训练中，提高训练的效率和效果。

训练材料：理论、力量、流浪、流利、伦理、榴梿、来临、履历、绿萝、拉链、姥姥、料理、联络、伶俐、浏览、笼络、落泪等。

（二）短语练习

力量的来源（1L-1016）理论的联系（1L-1074）

老罗的履历（1L-1145）罗列出来（1L-1095）

浏览的数量（1L-1088）

游戏：让我一起猜

训练方法：准备纸和彩笔，成人和儿童轮流画画让对方猜，准备好画画内容，在动手动嘴的过程中提高正确发"l"音的能力。答对的同时要发挥想象，如流泪——幸福地流泪。规定时间内谁答得多谁则获胜。

训练促进点：在手脑并用的同时，提高儿童发音能力，提升游戏趣味性，提高训练效果。

训练材料：力量的来源、理论的联系、老罗的履历、罗列出来、浏览的数量、惊人的力气、凌乱的头发、幸福地流泪、发臭的榴梿、快速地领取、哗哗地流水、美丽的浪花等。

（三）短句练习

1. 革命先辈辛苦创业，筚路蓝缕。
2. 兰兰会说一口流利的普通话。
3. 即将离开的他流露出对家乡的留恋。

4. 衣着靓丽的人们在林立的高楼间穿梭来往。

5. 平静的湖面上波光粼粼。

游戏：我是小小朗读者

训练方法：准备一些信封，每个信封中分别写上有关"l"发音的句子。让儿童扮演朗读者，可以适当配乐，如果朗读得准确、大声、有感情，则能得到小奖励。

训练促进点：通过短句训练，系统地提高儿童正确发"l"音的能力，提高儿童的注意力和兴趣，提高训练的效率和效果。

训练材料：革命先辈辛苦创业，筚路蓝缕；兰兰会说一口流利的普通话；即将离开的他流露出对家乡的留恋；衣着靓丽的人们在林立的高楼间穿梭来往；平静的湖面上波光粼粼。

（四）绕口令练习

刘奶奶找牛奶奶买牛奶，牛奶奶给刘奶奶拿牛奶，刘奶奶说牛奶奶的牛奶不如柳奶奶的牛奶，牛奶奶说柳奶奶的牛奶会流奶，柳奶奶听见了大骂牛奶奶你的才会流奶，柳奶奶和牛奶奶泼牛奶吓坏了刘奶奶，大骂再也不买柳奶奶和牛奶奶的牛奶。

游戏：买牛奶

训练方法：成人与儿童一起运用肢体语言与绕口令相结合的方法熟悉绕口令。可以通过一定的节奏进行击掌，提高互动性。如刘奶奶（不击掌）找牛奶奶（单手击掌）买牛奶；牛奶奶（单手击掌）给刘奶奶（不击掌）拿牛奶；刘奶奶（不击掌）说牛奶奶（单手击掌）的牛奶不如柳奶奶（双手击掌）的牛奶；牛奶奶（单手击掌）说柳奶奶（双手击掌）的牛奶会流奶；柳奶奶（双手击掌）听见了大骂牛奶奶（单手击掌）你的才会流奶；柳奶奶（双手击掌）和牛奶奶（单手击掌）泼牛奶吓坏了刘奶奶（不击掌）；大骂再也不买柳奶奶（双手击掌）和牛奶奶（单手击掌）的牛奶。

训练促进点：训练儿童的发音，提高儿童的记忆能力。

训练材料：刘奶奶找牛奶奶买牛奶，牛奶奶给刘奶奶拿牛奶，刘奶奶说牛奶奶的牛奶不如柳奶奶的牛奶，牛奶奶说柳奶奶的牛奶会流奶，柳奶奶听见了大骂牛奶奶你的才会流奶，柳奶奶和牛奶奶泼牛奶吓坏了刘奶奶，大骂再也不买柳奶奶和牛奶奶的牛奶。

第九节　声母 g

一、发音原理

（一）发音部位及发音方法

1. 发音部位

"g"是舌面后不送气清、塞音，涉及的发音部位是舌面后部和软腭，发音方法是舌面后部抵住软腭，形成闭塞，接着软腭上升，堵塞鼻腔通路，声带不振动，然后使口中微弱的气流冲破舌面后部和软腭形成的阻碍，爆破成声。

2. 发音方法

成阻和除阻的正确处理是发"g"音的关键。

可以采用下面的方法：发音时，舌面后部抵住软腭，形成气流通路的完全阻塞，避免出现闭合不完全的情况，然后舌面后部迅速抽离，有微弱的气流从口中冲出，爆破成声。

（二）发音游戏

游戏1：啃苹果游戏

训练方法：成人准备一个洗净的苹果，引导儿童啃苹果，嘴角斜向上方抬起，上下唇稍微放松，舌体自然平放，保持口型，引导发"g"音。

训练促进点：加强儿童唇部力量，克服儿童口腔开合度的问题，通过游戏的方式，加强儿童舌部的运动，锻炼发音。

训练材料：无。

游戏 2：抵御压舌板

训练方法：儿童张嘴，成人把压舌板放入儿童口中，利用压舌板抵住舌尖，向后推舌头，注重舌根发音，辅助儿童正确发出"g"音。

训练促进点：加强儿童舌部的运动，特别注重舌根部位，在舌部被按压的情况下，提高儿童的发音能力和控制能力。

训练材料：无。

二、听辨训练

能够分辨出"g"和其他声母发音的不同，是正确发出"g"的前提，可采用下面的游戏练习分辨"g"的发音。

游戏 1：拯救玩具熊

训练方法：成人准备一根长绳子，绕着玩具熊缠20圈（可以适当调整圈数），引导儿童若想"拯救"玩具熊，就要听成人的"指令"，只有听到含有声母g的词语，才能"松绑"一圈，直到"拯救"出小熊。

训练促进点：提高儿童的注意力以及分辨拼音的能力，成人通过不同发音的混淆，以及语速的改变，促进儿童分清声母g、声母k、声母h三个舌面后音。

训练材料：广告、改革、巩固、姑姑、高贵、哥哥、梗概、观光、看客、可靠、刻苦、扩宽、宽阔、空壳、开课、旷课、呼唤、呵护、后悔、和好、黄昏、悔恨、缓和、祸害等。

游戏 2：宝贝回家

训练方法：准备一个玩具熊，设置好起点终点以及"回家"路线，儿童听成人念绕口令，听到含有声母g的字则向前走一步，含有声母k、声母h的字则不能，若走错了，则要倒退一步。直到玩具熊走回家即获得奖励。

训练促进点：提高儿童的注意力以及分辨拼音的能力，成人语速的改变，以及游戏的趣味性，促进儿童分清声母g、声母k、声母h三个舌面后音。

训练材料：哥挎着瓜筐过宽沟，赶快过沟看怪狗，光看怪狗瓜筐扣，瓜滚筐空**哥怪狗**。

三、发音联想

（一）生活中的发音

1. 称比自己大的同辈男性为"哥哥"。
2. 称自己爸爸的姐妹叫"姑姑"。
3. 小鸭子会发出"嘎嘎"的叫声,。
4. 在生活中母鸡下蛋的时候会发出"咯咯"的声音。
5. 小儿童也会发出"咯咯"的笑声。

（二）趣味发音游戏

游戏：我是小小模仿家

训练方法：成人准备一些卡片，内容是哥哥、姑姑、小鸭子、小鸡等。成人引导儿童说出卡片内容，用声音或者动作模仿卡片内容。例如，"哥哥"，儿童可以拍着自己的胸脯说："我是哥哥，我力气很大，可以帮妹妹搬东西。"如"小鸡"，可以引导儿童学小鸡"咯咯"叫，促进"g"的发音练习。

训练促进点：引导儿童通过模仿游戏联想到"g"的发音，在乐趣中进行发音练习，提高记忆能力，培养正确的思想观念。

训练材料：哥哥、姑姑、嘎嘎、咯咯等。

四、发音练习

（一）单字练习

gē（1G-551） gǔ（1G-594） gài（1G-527） gāo（1G-544）
鸽　　　　　鼓　　　　　钙　　　　　高

gān（1G-534） gāng（1G-540） gōng（1G-567） guī（1G-616）
肝　　　　　缸　　　　　弓　　　　　龟

guō（1G-627） gǒu（1G-581）
锅　　　　　狗

（二）单字游戏

游戏 1：寻找小宝藏

训练方法：准备杯子若干，在杯子里面放一些小零食、小玩具，用写着含有声母 g 的单字的纸片盖住，要求儿童准确大声地朗读出来才能打开"宝藏"。

训练促进点：从单字开始训练，系统地提高儿童正确发"g"音的能力。提高儿童的注意力和兴趣，使他们能动地参与到训练中，提高训练的效率和效果。

训练材料：个、光、该、各、过、给、共、国、刚、狗、哥、沟、岗、高、广、滚、故、盖、观、怪、管、格、郭、更、敢、够、改、跟、干、瓜、贵等。

游戏 2：抢答小达人

训练方法：准备含有声母 g 的音单字的卡片，成人和儿童一起参与游戏，要求读出卡片内容，每拿出一张卡片都可以通过双手击掌抢答，谁先抢答出来积一分，率先到 10 分者胜利并获得小奖励。

训练促进点：从单字开始训练，系统地提高儿童正确发"g"音的能力。提高儿童的注意力和兴趣，使他们能动地参与到训练中，提高训练的效率和效果。

训练材料：个、光、该、各、过、给、共、国、刚、狗、哥、沟、岗、高、广、滚、故、盖、观、怪、管、格、郭、更、敢、够、改、跟、干、瓜、贵等。

五、综合巩固

（一）词语练习

改革（1G-526） 高贵（1G-544） 更改（1G-564）
公共（1G-568） 巩固（1G-574） 故宫（1G-596）

清晰 发音全靠它——声母发音训练

广告（1G-614） 规格（1G-617） 果敢（1G-629）
观光（1G-604）

游戏：词语"飞花令"

训练方法： 准备一个计时器，成人与儿童一起参与游戏，轮流说出含有声母g的词语，倒计时5秒钟，谁回答得多便取得胜利，获得小奖励。成人可以在训练中故意读错，让儿童在游戏中体会成就感，提高训练效果。

训练促进点： 通过词语训练，系统地提高儿童正确发"g"音的能力，提高儿童对词语的积累，提高儿童的注意力和兴趣，使他们能动地参与到训练中，提高训练的效率和效果。

训练材料： 改革、高贵、更改、公共、巩固、故宫、广告、规格、果敢、观光、姑姑、哥哥、梗概、尴尬等。

（二）短语练习

谷歌的广告（1G-614） 钢管的规格（1G-556）
姑姑的柜子（1G-621） 公关的骨干（1G-593）
高考的改革（1G-526）

游戏：抛圈小游戏

训练方法： 准备几个圈，在地上摆放几张折成不同形状的纸（纸飞机、爱心、青蛙等），纸上写着含有声母g的词语，要求儿童套圈套中，并打开纸，用一个形容词来形容词语可以积一分，满10分即可获得小奖励。例如，"广场"，儿童可以回答出"宽阔的广场"，算回答正确。

训练促进点： 通过短语训练，系统地提高儿童正确发"g"音的能力，提高儿童对词语的积累。提高儿童的注意力和兴趣，使他们能动地参与到训练中，提高训练的效率和效果。

训练材料： 谷歌的广告、钢管的规格、公关的骨干、姑姑的柜子、各国的国歌、故宫的观光、更贵的瓜果、高考的改革等。

（三）短句练习

1. 狗狗跟着妈妈去广场逛街。
2. 姑姑让哥哥把门关上。
3. 估计钢笔是在高楼写稿子时丢的。
4. 我在耕地上观看农民灌溉土地。
5. 郭先生正在规划公司未来的发展。

游戏：我是小小邮递员

训练方法： 准备一些信封，每个信封中分别写上有关于含有声母 g 的短语的句子。让儿童扮演邮递员，把"信"派送给成人，成人引导儿童打开信封念出句子。如果朗读得准确，则能得到小奖励。

训练促进点： 通过短句训练，系统地提高儿童正确发"g"音的能力，提高儿童的注意力和兴趣，提高训练的效率和效果，培养乐于助人的品质。

训练材料： 狗狗跟着妈妈去广场逛街；姑姑让哥哥把门关上；估计钢笔是在高楼写稿子时丢的；我在耕地上观看农民灌溉土地；郭先生正在规划公司未来的发展。

（四）绕口令练习

大哥有大锅，
二哥有小锅。
大哥要换二哥的小锅，
二哥不换大哥的大锅。

游戏：大哥二哥的锅

训练方法： 成人与儿童一起将肢体语言与绕口令相结合。如读到"大哥有大锅"时，成人双手摆出"○"，模拟圆锅；读到"二哥有小锅"时，儿童用双手摆出"○"；读到"大哥要换二哥的小锅"时，成人与儿童击掌一次；读到"二哥不换大哥的大锅"时，儿童在胸前用手臂比个"×"表示拒绝交换。在绕口令亲子互动中提升语言能力，提高正确发"g"音的能力。

训练促进点：训练儿童掌握"g"的发音，通过语速的变化配合手部动作，提高儿童的记忆能力，促进亲子关系。

训练材料：大哥有大锅，二哥有小锅，大哥要换二哥的小锅，二哥不换大哥的大锅。

第十节 声母 k

一、发音原理

(一) 发音部位及发音方法

1. 发音部位

"k"是舌面后送气清、塞音,涉及的发音部位是舌面后部和软腭,发音方法是舌面后部抵住软腭,形成闭塞,接着软腭上升,堵塞鼻腔通路,声带不振动,然后使口中较强的气流冲破舌面后部和软腭形成的阻碍,爆破成声。

2. 发音方法

成阻和除阻的正确处理是发"k"的关键。

可以采用下面的方法:发音时,舌面后部抵住软腭,形成气流通路的完全阻塞,避免出现闭合不完全的情况,然后舌面后部迅速抽离,有较强的气流从口中冲出,爆破成声。

(二) 发音游戏

游戏1:吹画

训练方法: 准备一张白纸和各色颜料,将加入适量水的颜料滴在纸上,由家长和小朋友一起吹起控制颜料的流动方向,从而完成一幅画作。

训练促进点: 训练儿童控制口腔气流强度,增加肺活量。

训练材料: 无。

游戏2：跳动的水

训练方法：含少量饮用水在口中，微微抬头，舌尖放松、下垂，舌面后部隆起，发出类似于"呵"的声音。在咳水的过程中，将意识集中到舌面后部上，体会舌面后部上拱、舌尖自然放松下垂的感觉。

训练促进点：增强舌根发力力度。

训练材料：无。

二、听辨训练

能够分辨出"k"和其他声母发音的不同，是正确发出"k"的前提，可采用下面的游戏练习分辨"k"的发音。

游戏1：小火车

训练方法：准备玩具小火车，当成人说"ku-ku-ku"时，儿童推动小火车并说"小火车来了"，当成人模仿其他事物发音时，儿童停止推动小火车并说"小火车停下来"。

训练促进点：加强儿童对声母k的敏感度，将"k"与其他声母分辨开来，同时提高儿童的注意力。

训练材料：小火车：ku-ku-ku；小鸽子：咕咕咕；小鸡：叽叽叽；小狗：汪汪汪；小羊：咩咩咩；小青蛙：呱呱呱；小老鼠：吱吱吱。

游戏2：顺风耳

训练方法：准备写有声母k、声母g、声母h的卡片，成人报音，儿童找出对应的声母卡片，举起卡片并迅速读出所找的声母。

训练促进点：提高儿童区别声母k、声母g、声母h的能力，明确各声母的发音。

训练材料：k、g、h。

三、发音联想

（一）生活中的发音

小青蛙小时候是小蝌蚪。

（二）趣味发音游戏

游戏：金锁银锁

训练方法：成人伸出右手，掌心向下，同时念"宝宝宝宝，快快进来"，儿童伸出食指，顶在成人的掌心下面，成人接着念"咔咔咔咔，金锁银锁，咔咔一锁"，念到最后一个锁字，成人立即将手掌握成拳头，设法抓住儿童的手指，儿童应立即将食指移开。如果手指没有被抓住，游戏继续；如果儿童的手指被抓住，角色互换。

训练促进点：通过声音引导儿童模仿，提升儿童发"k"音的准确度。

训练材料：无。

四、发音练习

（一）单字练习

卡^{kǎ}（1K-952）课^{kè}（1K-976）裤^{kù}（1K-989）口^{kǒu}（1K-983）
开^{kāi}（1K-953）烤^{kǎo}（1K-964）看^{kàn}（1K-959）困^{kùn}（1K-1005）
孔^{kǒng}（1K-980）筷^{kuài}（2K-401）

（二）单字游戏

游戏1：看一看

训练方法：准备一幅含有各种物件的画，在成人说完"看一看画里有什么"后，儿童和成人依次边拍手边回答"看到了……"，答案不可重复，直到回答不出来为止。

训练促进点：看图识物有助于培养儿童的观察力和识图能力，同时提高儿童的发音准确度。

训练材料： 看到了卡、看到了孔、看到了裤、看到了筷等。

游戏2：小蝌蚪找妈妈

训练方法： 将绘有各种事物的卡片按照一定路线摆放在地上，由儿童扮演小蝌蚪，儿童从起点开始起跳，每跳到一张卡片前都要说出卡片上的字词"小蝌蚪找妈妈，找到了……"，随后可跳到下一张卡片前，最后跳到"青蛙"卡片前即为成功。

训练促进点： 通过边运动、边识图的认字模式来锻炼儿童的气息强度和发音流畅度。

训练材料： 蝌蚪、贝壳、孔雀、恐龙、考拉、海葵、昆虫等。

五、综合巩固

（一）词语练习

kē kè（2K-388） kè kǔ（1K-974） kāi kuò（1K-953）
苛刻 刻苦 开阔

kǎn kě（2K-380） kòu kuǎn（1K-984） kǒu kě（1K-983）
坎坷 扣款 口渴

kāng kǎi（2K-381） kuī kōng（1K-1000） kuān kuò（1K-995）
慷慨 亏空 宽阔

kuàng kè（2K-403）
旷课

游戏：捡贝壳

训练方法： 成人准备各式各样的贝壳状小卡片，引导儿童认读。儿童清晰准确地读出词语后，即可拾得对应"贝壳"。

训练促进点： 训练儿童正确发"k"音的能力。

训练材料： 可靠、开阔、刻苦、坎坷、看客、口渴、空旷、亏空、扩宽、空壳、苛刻、慷慨、开垦、旷课等。

64

（二）短语练习

空旷的客厅（1K-975） 开阔的空间（1K-979）

困难地开垦（1K-1005） 慷慨的客户（1K-955）

坎坎坷坷（2K-387）

游戏：小蝌蚪过河

训练方法：成人准备小蝌蚪卡片，并在桌上摆放若干短语卡片。成人可先提问"小蝌蚪想干什么呀"，并引导儿童说出"小蝌蚪想过河"。儿童正确念出卡片上的短语后即可将"小蝌蚪"移至对应位置，直至到达对岸。最后，成人可引导儿童说出："小蝌蚪成功啦！"

训练促进点：训练儿童正确发"k"音的能力。

训练材料：空旷的客厅、开阔的空间、困难地开垦、慷慨的客户、坎坎坷坷等。

（三）短句练习

1. 我看见他打开了卡车车门。
2. 他慷慨地送给我一颗糖和一筐苹果。
3. 成人在课堂上给我们科普关于古代科考的知识。
4. 空旷的石窟里只有枯草和几具骷髅。
5. 我用十块钱存款买了一双筷子。

游戏：分糖果

训练方法：成人准备若干个彩泥糖果，引导儿童数糖果，可采用"让我们一起来数一数，小朋友包了几颗糖，1颗糖、2颗糖、3颗糖……"的句子。成人还可继续引导："包好了糖，你想和谁来分享呢？给妈妈1颗糖、给爸爸1

颗糖、给小狗1颗糖……"并带领儿童接着造句。

训练促进点：锻炼儿童正确发"k"音的能力，同时给儿童树立乐于分享的价值观。

训练材料：小朋友包了 × 颗糖；给妈妈 × 颗糖；等等。

（四）绕口令练习

抬头**看**，满天星，低头**看**，一道**坑**。

坑里**看**，栽满葱，葱上**看**，冻着冰。

屋里**看**，点着灯，墙上**看**，钉着钉。

钉上**看**，挂着弓，弓上**看**，卧着鹰。

寒冬天，刮大风，刮散了，满天星。

游戏：绕口令接龙

训练方法：准备好卡片若干，成人、儿童以适当的句子长度为单位轮流念绕口令，谁能坚持最多句不出错则胜利。

训练促进点：锻炼正确发"k"音的能力和提高吐字清晰度。

训练材料：抬头**看**，满天星，低头**看**，一道**坑**。**坑**里**看**，栽满葱，葱上**看**，冻着冰。屋里**看**，点着灯，墙上**看**，钉着钉。钉上**看**，挂着弓，弓上**看**，卧着鹰。寒冬天，刮大风，刮散了，满天星。

第十一节　声母 h

一、发音原理

（一）发音部位及发音方法

1. 发音部位

"h"是舌面后清擦音，涉及的发音部位是舌面后部和软腭，发音方法是舌面后部接触软腭，形成窄缝，接着软腭上升，堵塞鼻腔通路，声带不振动，然后使口中的气流从窄缝中挤出，摩擦成声。

2. 发音方法

正确发出擦音是发"h"的关键。

可以采用下面的方法：发音时，舌面后部与软腭相接触，气流从二者之间的窄缝中流出，摩擦成声。

（二）发音游戏

游戏1：水开了

训练方法：准备清水一杯。儿童含住一小口水（成人应注意水量以防呛到），将头部略微仰起，同时向外送气，模仿烧水时的沸腾气泡。

训练促进点：这个训练能够增强儿童舌根和软腭的配合程度，使其熟悉送气过程并提升稳定性。

训练材料：无。

游戏 2：测震小能手

训练方法：儿童将手轻放在成人颈部（声带附近），成人示范声母 h 的发音，让儿童感受声带是否震动并尝试模仿，成人也可加入几个浊辅音（如 r、m）让儿童比较。

训练促进点：这个训练可以使儿童参与到发音校准中，提升发"h"音的规范性。

训练材料：无。

二、听辨训练

能够分辨出"h"和其他声母发音的不同，是正确发出"h"的前提，可采用下面的游戏练习分辨"h"的发音。

游戏 1：饮料大作战

训练方法：准备不同口味的饮料若干，成人朗读含有声母 g、声母 k、声母 h 的单字，儿童当听到含"h"音的单字时立刻大声重复该字，并任选一种饮料进行品尝，成人可引导儿童多次进行游戏，以提高儿童发音的准确性。

训练促进点：这个练习可以使儿童通过比较直观的听读形式区分三个音的发音区别，并熟练发音的送气方式。

训练材料：给、个、跟、过、该、高、杠、看、可、开、卡、快、靠、克、和、好、还、会、后、或、很等。

游戏 2：你说我做

训练方法：准备分别写有声母 g、声母 k、声母 h 的乒乓球三个，写有声母 g、声母 k、声母 h 的动作词语卡片若干，成人大声朗读卡片上的词语，儿童听到后拿着对应的球去完成该动作，成人按照儿童完成的准确性给予适当奖励。

训练促进点：这个练习可以提升儿童听辨不同音节的反应能力，在日常动作中感受三个音的发音区别。

训练材料：关门、唱歌、过去、干杯、刮胡子、鼓掌、开门、抽卡、思考、大哭、考试、付款、喝水、欢迎、汇报、回头、环绕、回答等。

三、发音联想

（一）生活中的发音

当我们大笑时发出"哈哈哈"的声音。

（二）趣味发音游戏

游戏：大魔王驾到

训练材料：准备白纸一张，贴纸若干。让魔王占领更多领土吧——儿童作为"魔王"出场，为宣示主权，占领前要大笑三声"哈哈哈"，同时在白纸上贴上一张贴纸，直到占领全部土地即可领取适当奖励。

训练促进点：在游戏中提升儿童对"h"音的掌握程度。

训练材料：哈哈哈。

四、发音练习

（一）单字练习

孩(hái)（1H-633） 鹤(hè)（1H-665） 黑(hēi)（1H-666） 壶(hú)（1H-695）
痕(hén)（1H-668） 红(hóng)（1H-678） 猴(hóu)（1H-685） 画(huà)（1H-710）
火(huǒ)（1H-749） 坏(huài)（1H-715）

（二）单字游戏

游戏1：看图辨花

训练方法：准备不同花朵图片若干（配拼音和文字），成人手指图片，引导儿童说出"这是……花"，根据儿童完成情况给予适当奖励。

训练促进点：重复训练带有声母h的字的发音，能够提升儿童对"h"音的掌握程度，同时增加儿童的基本日常认知。

训练材料：这是桃花、荷花、百合花、玫瑰花、茉莉花、牡丹花等。

游戏2：小兔喝水

训练方法：小兔口渴要喝水啦！准备不同饮品若干，成人引导儿童按顺序说出"我要喝……"，让儿童品尝不同的饮料。

训练促进点：通过直接奖励的形式让儿童更快掌握含有声母 h 的字的发音，提高掌握效率。

训练材料：我要喝……

五、综合巩固

（一）词语练习

hān hòu
憨厚（2H-259） háo huá豪华（1H-648） hē hù呵护（1H-653）
hòu huǐ后悔（1H-687） hū huàn呼唤（1H-691） huā huán花环（1H-704）
huái huā槐花（2H-278） huǎng hū恍惚（2H-287） huì huà绘画（1H-740）
huǒ huā火花（1H-749）

游戏：我是小旗手

训练方法：准备不同颜色的旗子（红、黄、灰）若干。成人先发出口令"升……旗"，儿童重复口令并举起对应的旗子。第二轮由成人举旗，引导儿童随着旗子举起说出"升旗"，成人根据儿童完成情况给予适当奖励。

训练促进点：反复练习这些词语，可以让儿童在熟练发"h"音的同时增进认知。

训练材料：红旗、黄旗、灰旗。

（二）短语练习

hóng sè de hé huā红色的荷花（1H-660） huī huáng de huáng gōng辉煌的皇宫（1H-726）

huáng hé de huáng hūn　　　　　　hào huá de hūn lǐ
黄河的黄昏（1H-727）豪华的婚礼（1H-744）
huān hū de huǒ bàn
欢呼的伙伴（1H-750）

游戏：记忆大挑战

训练方法：准备相关图片，并在上面写出对应内容，如"活泼的猴子"，成人把卡片交给儿童浏览，然后遮住文字，询问图片内容，促成类似以下的对话："这是什么？""猴子。""怎样的猴子？""活泼的猴子。"成人根据儿童记忆准确度给予适当奖励。

训练促进点：重复训练相关词句，可以使儿童在掌握含"h"音词语组合的同时训练记忆力。

训练材料：活泼的猴子、黄色的葫芦、红色的花朵、好看的荷花等。

（三）短句练习

1. 大家为冬奥会上的运动员欢呼。
2. 小华和爷爷在黄昏时分看日落。
3. 联欢晚会上儿童们挥舞着荧光棒。
4. 安徽省的省会是合肥市。
5. 黄河是中华民族的母亲河。

游戏：我爱绘画

训练方法：准备白纸、彩笔和写有含带声母 h 的词语的卡片（大海、火锅、老虎、黄河等）。首先由成人问"画什么呢"，引导儿童依照卡片内容说出"画……"，并进行绘画。然后再由成人进行绘画，让儿童辨认并引导说出"你画的是……"。成人根据儿童完成情况给予适当奖励。

训练促进点：重复训练相关句式，可以提高儿童"h"音的掌握程度，同时增强亲子互动和儿童动手能力。

训练材料：欢呼、黄昏、挥舞、黄河。

（四）绕口令练习

拆盲盒

盒里拆出何物来，好奇盒中何物在。

手拿盒开见好坏，盒盒连连好喜欢。

游戏：拆盲盒

训练方法：准备纸盒若干，以及毛绒老虎、小茶壶、荷包等关键词道具。成人在儿童面前将道具装进纸盒并打乱顺序，让儿童猜测盒子里的东西。成人引导儿童对话，"盲盒里面有什么？""盲盒里面有……"，根据儿童正确次数给予适当奖励。

训练促进点：重复进行相关对话，有助于儿童熟练"h"音的发音与应用，同时提升儿童专注力。

训练材料：盲盒、老虎、茶壶、荷包等。

第十二节　声母 j

一、发音原理

（一）发音部位及发音方法

1. 发音部位

"j"是舌面前不送气清塞擦音，涉及的发音部位是舌面前部和硬腭前部，发音方法是舌面前部抵住硬腭前部，形成闭塞，接着软腭上升，堵塞鼻腔通路，声带不振动，然后使口中微弱的气流把舌面前部和硬腭形成的阻碍冲开一道窄缝，并从中挤出，摩擦成声。

2. 发音方法

正确发出塞音和擦音是发"j"的关键。

可以采用下面的方法：发音时，首先要将舌面前部抵住硬腭前部，形成气流通路的完全阻塞，避免出现闭合不完全的情况，然后口中的气流要把二者间形成的阻碍冲开一条窄缝，从中缓慢通过，摩擦成声。先破裂，后摩擦，结合成一个音。

（二）发音游戏

游戏1：多米诺骨牌

训练方法：准备积木若干，按多米诺骨牌摆法立直摆放。儿童用舌头"舔"倒积木，成人根据儿童完成情况给予奖励。

训练促进点：这个训练能够增强舌面前部力量，同时提高舌肌灵活度。

训练材料：无。

游戏 2：小小矿工

训练方法：准备白糖少许，棉签一个。成人手持棉签，将白糖涂抹到儿童嘴唇某处，然后引导儿童用舌尖将白糖舔掉，反复练习。

训练促进点：这个训练能够锻炼儿童舌尖灵活度，促进"j"的发音。

训练材料：无。

二、听辨训练

能够分辨出"j"和其他声母发音的不同，是正确发出"j"的前提，要求能够区别声母 j 与声母 q、声母 x，可采用下面的游戏练习分辨"j"的发音。

游戏 1：我会分类

训练方法：准备写有含有声母 j、声母 q、声母 x 的词语的卡片和对应的三个盒子，成人读出卡片上的词语，儿童接过卡片重复朗读词语并将卡片放入对应的盒子里，按照规定时间内儿童完成数量给予奖励。

训练促进点：这个练习可以使儿童更好地区分"j"音，并增强儿童反应能力。

训练材料：经济、解决、积极、教具、借鉴、结局、犄角、前期、亲情、侵权、请求、轻巧、亲戚、气球、现象、信息、学习、小学、谢谢、详细、新鲜等。

游戏 2：乒乓球大作战

训练方法：准备标有含有声母 j、声母 q、声母 x 的乒乓球若干和一个纸盒。成人朗读相关语段，儿童在听到含有声母 j、声母 q、声母 x 的词语后将对应乒乓球放到盒子里，分类正确即可获得奖励。

训练促进点：这个训练可以让儿童在连续语段内感受声母 j、声母 q、声母 x 发音的不同之处，从而增强儿童辨音的敏锐度。

训练材料：一天小鸡发现自己的鸡蛋不见了，着急地四处寻找，希望能把鸡蛋带回家。麻雀捡到了鸡蛋却想捉弄小鸡，就许诺把鸡蛋给小鸡带来，小鸡得到鸡蛋非常高兴，打算去小溪边把它洗干净，发现这竟然是一个气球，小鸡伤心地哭了。大家都认为麻雀不应该欺负小鸡，于是麻雀向小鸡道歉并把鸡蛋还给了它，大家都原谅了麻雀，还要学习它知错能改的精神。

三、发音联想

（一）生活中的发音

儿童模仿"驾驾驾"的赶马声。

（二）趣味发音游戏

游戏：骑木马

训练方法：准备木马玩具，引导儿童在游戏过程中模仿"驾驾驾"的赶马声。

训练促进点：帮助儿童在该游戏场景中练习"j"的发音。

训练材料：驾驾驾。

四、发音练习

（一）单字练习

鸡（1J-762） 架（1J-805） 剪（1J-817） 江（1J-832）
脚（1J-852） 结（1J-867） 鲸（1J-901） 酒（1J-918）
菊（1J-925） 军（1J-946）

（二）单字游戏

游戏1：拯救橘子

训练方法：准备橘子若干、篮子一个。成人背对儿童，儿童需迅速将橘子装进篮子里，并说出"一个橘子、两个橘子、三个橘子……"当成人回头时儿童立即停止动作并报出当前橘子数量"×个橘子"，根据规定时间内篮内橘子的数量给予奖励。

训练促进点：重复练习带有声母j的字，能够提升儿童对"j"音的掌握能力，提升练习效率。

训练材料：× 个橘子。

游戏 2：认认是谁家

训练方法：在纸上画出若干小房子并画上不同动物形象，引导儿童说出"这里是……家"的句子，根据儿童完成进度给予奖励。

训练促进点：通过看图说话提升儿童认知能力和对"j"音的运用和掌握。

训练材料：家。

五、综合巩固

（一）词语练习

jī jiàn　　　　jiā jiǎn　　　　jiǎn jiè
击剑（1J-757） 加减（1J-795） 简介（1J-819）

jiāng jūn　　　jiāo juàn　　　jiē jiǎo
将军（1J-834） 交卷（1J-843） 街角（1J-862）

jīng jù　　　　jiù jì　　　　　jù jué
京剧（1J-894） 救济（1J-920） 拒绝（1J-931）

jué jìng
绝境（1J-942）

游戏：看谁认得多

训练方法：准备飞机、小鸡、剪刀、鲸鱼等图片，成人拿出图片让儿童指认并引导儿童说出图片内容，反复进行，根据儿童完成情况给予奖励。

训练促进点：反复练习这些词语，能够使儿童在熟练掌握"j"音的同时增强认知能力。

训练材料：飞机、小鸡、剪刀、鲸鱼等。

（二）短语练习

jiān jué de jù jué　　　　jīn jīn jì jiào
坚决地拒绝（1J-931） 斤斤计较（1J-781）

将计就计（1J-921） 精明的将军（1J-834）

尖尖的桌角（1J-851）

游戏：我是警察

训练方法：成人与儿童捉迷藏，儿童在找到成人后大声说出"我是警察"即为抓捕成功，根据儿童成功次数给予奖励。

训练促进点：通过冲击力较强的游戏形式形成定向思维，使儿童增强对"j"音的掌握和记忆。

训练材料：警察。

（三）短句练习

1. 我向姐姐借书。
2. 他剪下了一个尖尖的角。
3. 舅舅叫弟弟去睡觉。
4. 静静在书架旁照镜子。
5. 这辆挖掘机是机器人在驾驶。

游戏：解绳结

训练方法：准备绳子一条，系出若干活扣。成人向儿童出加减法题目，儿童重复题目并作答（如一加一等于二），同时解开对应数量的绳结。每轮游戏后儿童需说出"共解开 x 个绳结"以获得奖励。

训练促进点：重复练习相关字词，可以提高儿童发"j"音的熟练程度，同时培养儿童逻辑思维。

训练材料：加、减、解开、绳结。

（四）绕口令练习

蒋家砌了一堵墙，杨家养了一只羊。

杨家羊撞塌了蒋家的墙，蒋家的墙压死了杨家的羊。

蒋家要杨家赔墙，杨家要蒋家赔羊。

游戏：小羊回家

训练方法：成人准备小羊形状的卡片，并在卡片上写下一句绕口令，将小羊按照顺序排在"羊圈"（可在白纸上绘画模拟）外面。儿童正确朗读一句绕口令，一只"小羊"即可回家，直到所有"小羊"成功入圈即为成功。

训练促进点：在游戏中帮助儿童逐句练习绕口令，提升口语流利度。

训练材料：蒋家砌了一堵墙，杨家养了一只羊。杨家羊撞塌了蒋家的墙，蒋家的墙压死了杨家的羊。蒋家要杨家赔墙，杨家要蒋家赔羊。

第十三节　声母 q

一、发音原理

（一）发音部位及发音方法

1. 发音部位

"q"是舌面前送气清塞擦音，涉及的发音部位是舌面前部和硬腭前部，发音方法是舌面前部抵住硬腭前部，形成闭塞，接着软腭上升，堵塞鼻腔通路，声带不振动，然后使口中较强的气流把舌面前部和硬腭形成的阻塞冲开一条窄缝，并从中挤出，摩擦成声。

2. 发音方法

正确发出塞音和擦音是发"q"的关键。

可以采用下面的方法：发音时，首先要将舌面前部抵住硬腭前部，形成气流通路的完全阻塞，避免出现闭合不完全的情况，然后口中的气流要把二者间形成的阻碍冲开一条窄缝，从中缓慢通过，摩擦成声。先破裂，后摩擦，结合成一个音。

（二）发音游戏

游戏 1：贪吃的舌头

训练方法：准备勺子、果酱或奶油，将果酱涂抹在勺背处，引导儿童用舌面舔下并吃掉果酱，成人可适当调节供给频率。

训练促进点：这个训练可以锻炼儿童舌面力量和舌头的反应速度。

训练材料：无。

游戏 2：我是小画家

训练方法：准备白纸、颜料、水、吸管。用水稀释颜料，将其滴到白纸上，引导儿童使用吸管将大滴的颜料吹成一幅"画"。

训练促进点：这个训练可以提高儿童发音气流强度，增强肺活量。

训练材料：无。

二、听辨训练

能够分辨出"q"和其他声母发音的不同，是正确发出"q"的前提，可采用下面的游戏练习分辨"q"的发音。

游戏 1：贴标签

训练方法：准备写有含有声母 j、声母 q、声母 x 的词语的卡片若干及写有声母 j、声母 q、声母 x 字样的贴纸若干。成人随机抽出一张卡片并大声读出词语内容，儿童听到后要迅速将正确的贴纸贴到卡片上。

训练促进点：连续朗读含有声母 j、声母 q、声母 x 的词语，能够提高儿童区分"q"音的能力，同时增强儿童的反应能力。

训练材料：经济、解决、积极、教具、借鉴、结局、犄角、前期、亲情、侵权、请求、轻巧、亲戚、气球、现象、信息、学习、小学、谢谢、详细、新鲜等。

游戏 2：听口令

训练方法：准备机器人玩具、球拍、西瓜玩具。儿童端坐于桌子旁，将准备好的道具放在桌子下面，由成人发出口令"将 ×× 拿出来"，儿童听到口令后将正确的物品放到桌面上，并重复该物品名称，成人可适当调整口令的速度和次序。

训练促进点：儿童可以通过这个训练增强对含有声母 j、声母 q、声母 x 的词语的辨别能力，提高抽象语境下的思考和行动能力。

训练材料：无。

三、发音联想

（一）生活中的发音

声母 q 的发音可以联想到蟋蟀"qu-qu-qu"的叫声。

（二）趣味发音游戏

游戏：赶走小黑狗

训练方法：小黑狗跑过来啦！准备一只电动玩具狗，游戏过程中引导儿童模仿"去去去"的驱赶声。

训练促进点：帮助儿童在该游戏场景中练习"q"的发音。

训练材料：去去去。

四、发音练习

（一）单字练习

qí（1Q-1417）　qiān（1Q-1433）　qiáng（1Q-1445）　qiáo（1Q-1450）
棋（1Q-1417）　铅（1Q-1433）　墙（1Q-1445）　桥（1Q-1450）

qín（1Q-1460）　qíng（1Q-1469）　qiū（1Q-1475）　qú（2Q-630）
琴（1Q-1460）　晴（1Q-1469）　秋（1Q-1475）　渠（2Q-630）

quán（1Q-1493）　què（1Q-1499）
拳（1Q-1493）　雀（1Q-1499）

（二）单字游戏

游戏1：宝箱猜猜看

训练方法：准备五子棋、跳棋、围棋棋子各一个，纸箱三个。将棋子分别放在纸箱上作为"代号"，三个箱子中只有一个包含奖励。儿童可以思考开启哪个棋子下的纸箱，思考过程中需一直反复念诵"五子棋、跳棋、围棋"，最终大声说出代表纸箱的棋子名称，如猜中可得全部奖励，猜错则得一半奖励。

训练促进点：反复训练这些词语，可以促进儿童对"q"音的掌握，同时提高语言流利度。

训练材料：五子棋、跳棋、围棋。

游戏2：排排坐

训练方法：准备椅子若干，在椅子上分别用标签标注职业（如医生、工人等），让儿童坐在椅子上，引导儿童说出"我的前面是××，××的前面是××"的句子。

训练促进点：重复此句子，可以让儿童在了解日常职业的同时加强对有声母q的单字的掌握。

训练材料：××的前面是××。

五、综合巩固

（一）词语练习

^{qì qiú}气球（1Q-1423） ^{qiān qiú}铅球（1Q-1433） ^{qiáng quán}强权（1Q-1444）
^{qiè qǔ}窃取（1Q-1456） ^{qīn qíng}亲情（1Q-1457） ^{qīng qì}氢气（1Q-1464）
^{qiū qiān}秋千（1Q-1475） ^{qǔ qí}曲奇（1Q-1480） ^{quán qiú}全球（1Q-1490）
^{què qiè}确切（1Q-1500）

游戏：铅笔投壶

训练方法：准备彩色铅笔若干，广口瓶（如罐头瓶）一个。引导儿童自由选择铅笔颜色并说出"×色铅笔"，成人将相应颜色的铅笔递给儿童进行投壶游戏，根据儿童成功次数给予适当奖励。

训练促进点：重复训练相关词语，可以让儿童熟练"q"的发音。

训练材料：铅笔。

（二）短语练习

全球的气候（1Q-1423） 蹊跷的情况（1Q-1468）
亲戚的请求（1Q-1471） 悄悄地离去（1Q-1487）
轻轻地抬起（1Q-1422）

游戏：切萝卜

训练方法：儿童和成人对坐，成人将小臂伸出，儿童手呈掌状模仿菜刀，在成人小臂上来回起落，并说出"切萝卜，切萝卜，切切切"，成人和儿童之间可进行角色互换。

训练促进点：反复练习该句子，可增强儿童对"q"音的熟练度，同时有助于提高亲子间的亲密度。

训练材料：切萝卜，切萝卜，切切切。

（三）短句练习

1. 一群强盗在抢劫。
2. 裁判问他们是否确认弃权。
3. 小区的儿童们在荡秋千和打篮球。
4. 成人教我们如何确认情报的准确性。
5. 许多专家预测了全球经济发展的趋势。

游戏：数数牵牛花

训练方法：准备牵牛花贴纸若干。成人让儿童读短句练习的内容，如果读对了，成人对儿童说"给你 X 朵牵牛花"并给儿童对应数量的牵牛花，儿童把牵牛花贴到黑板或者墙上，边贴边说"我有 X 朵牵牛花"。句子越长，给的牵牛花数量越多。

训练促进点：重复训练这类句子，可以增强儿童对含有连续"q"音词语的句子的运用能力。

训练材料：墙、牵牛花。

（四）绕口令练习

淘气的气球
红气球，青气球，
两个气球朝天游。
美气球，丑气球，
两个气球全跑丢。

游戏：卖气球

训练方法：准备气球若干，儿童手持气球并扮演商人，成人扮演顾客，成人问"×个气球多少钱"，儿童需回答"×个气球×元钱"。为降低游戏难度，气球的数量和价格等同。游戏中成人注意引导儿童说出七、十七、二十七等含"q"音的词语，根据儿童完成情况给予适当奖励。

训练促进点：成人与儿童反复问答，增强儿童对连续含有"q"音的词语的句子的掌握和运用能力。

训练材料：气球、七、钱。

第十四节 声母 x

一、发音原理

（一）发音部位及发音方法

1. **发音部位**

"x"是舌面前清擦音，涉及的发音部位是舌面前部和硬腭前部，发音方法是舌面前部接触硬腭前部，形成窄缝，接着软腭上升，堵塞鼻腔通路，声带不振动，然后使口中的气流从窄缝中挤出，摩擦成声。

2. **发音方法**

正确发出擦音是发"x"的关键。

可以采用下面的方法：发音时，舌面前部与硬腭前部相接触，气流从二者之间的窄缝中流出，摩擦成声。

（二）发音游戏

游戏1：搭梯子

训练方法：准备压舌板一个。儿童张开嘴巴，成人用压舌板轻触儿童硬腭前部，引导儿童将舌头想象成"梯子"并慢慢使舌面靠近硬腭，感受舌位的变化过程。

训练促进点：帮助儿童明确发音部位，同时锻炼儿童舌头的灵活度。

训练材料：无。

游戏 2：微笑小天使

训练方法：准备一个1厘米宽的小纸条，放于儿童上下齿中间，让儿童展唇吹气，练习发"x"音。在发"x"音的同时，纸片应被吹出。

训练促进点：通过外物帮助儿童掌握正确发"x"音的舌位和唇位。

训练材料：无。

二、听辨训练

能够分辨出"x"和其他声母发音的不同，是正确发出"x"的前提，可采用下面的游戏练习分辨"x"的发音。

游戏 1：运送西瓜

训练方法：成人准备西瓜卡片，放至一处。成人分别朗读以"j""q""x"为声母的字，当儿童听到以"x"为声母的字时，将西瓜卡片由一处"运送"至另一处，直到全部正确"运送"完成即为胜利。

训练促进点：提升儿童对于声母 x 的分辨能力。

训练材料：就、将、及、加、九、叫、家、即、尽、去、请、其、前、却、七、钱、区、亲、洗、虾、象、下、先、想、小、向、行等。

游戏 2：吸吸小达人

训练方法：成人准备一杯水或饮料以及一根吸管。成人分别朗读以"j""q""x"为声母的字，当儿童听到以"x"为声母的字时，便吸一口水或饮料，直到成功将所有水或饮料喝完即为成功。

训练促进点：提升儿童对于声母 x 的分辨能力。

训练材料：就、将、及、加、九、叫、家、即、尽、去、请、其、前、却、七、钱、区、亲、洗、虾、象、下、先、想、小、向、行等。

三、发音联想

（一）生活中的发音

生活中，人们笑出声时，发出"嘻嘻嘻"的声音。

（二）趣味发音游戏

游戏：是谁在说话

训练方法：多个儿童围坐成一个圈，轮流请一个儿童到中间，蒙住双眼。等所有儿童安静后，成人指定围坐的任意一个儿童说话，蒙住双眼的儿童辨别出声音的方向，并对说话的儿童发出"嘘"的声音。

训练促进点：帮助儿童在日常生活中熟悉"x"的发音。

训练材料：嘘。

四、发音练习

（一）单字练习

吸（1X-1926）　虾（1X-1950）　线（1X-1975）　象（1X-1996）
笑（1X-2009）　蟹（1X-2025）　信（1X-2030）　熊（1X-2048）
须（1X-2057）　雪（1X-2075）

（二）单字游戏

游戏1：小熊送信

训练方法：成人准备以"j""q""x"为声母的单字字卡，并分别在信箱上贴上含有声母j、声母q、声母x的贴纸。儿童大声朗读字卡，正确朗读后，将它们"送"进对应的信箱。

训练促进点：在反复练习中提升儿童正确发"x"音的能力，同时，培养儿童的责任感。

训练材料：就、将、及、加、九、叫、家、即、尽、去、请、其、前、却、七、钱、区、亲、洗、虾、象、下、先、想、小、向、行等。

游戏 2：躲雪

训练方法：成人准备雪花状的单字字卡。成人将字卡纵向排列，画一小人在字卡下，儿童大声正确朗读雪花上的字后，成人即将"雪花"移去，直到移除全部雪花即为胜利。

训练促进点：训练儿童熟悉"x"的发音。

训练材料：就、将、及、加、九、叫、家、即、尽、去、请、其、前、却、七、钱、区、亲、洗、虾、象、下、先、想、小、向、行等。

五、综合巩固

（一）词语练习

献血（xiàn xiě）（1X-1979）　香薰（xiāng xūn）（1X-1983）　小心（xiǎo xīn）（1X-2004）

心形（xīn xíng）（1X-2026）　行星（xíng xīng）（1X-2035）　休息（xiū xi）（1X-2049）

虚线（xū xiàn）（1X-2058）　学校（xué xiào）（1X-2074）　选项（xuǎn xiàng）（1X-2072）

喧嚣（xuān xiāo）（2X-831）

游戏：重返地球

训练方法：成人准备宇宙行星图，模拟儿童现在位于离地球最远的海王星上。儿童正确朗读词语后，即可前进一颗行星，直至返回地球。

训练促进点：在训练儿童掌握"x"发音的同时，增加儿童的天文学知识。

训练材料：献血、香薰、小心、行星、学习、学校、虚线、选项等。

（二）短语练习

新鲜的西瓜（1X-1925）　安详的小巷（1X-2004）

兴奋的猩猩（1X-2033）　香香的杏花（1X-2039）

欣欣的绣花鞋（1X-2054）　星星的形状（1X-2036）

嘻嘻地笑（1X-2009）

游戏：杏花开

训练方法：成人准备白纸、彩笔。儿童正确朗读一个短语则奖励画一朵"杏花"，根据获得杏花的数量给予儿童奖励。

训练促进点：提升儿童发"x"音的准确度，训练儿童的绘画技能。

训练材料：新鲜的西瓜、兴奋的猩猩、香香的杏花、安详的小巷、欣欣的绣花鞋等。

（三）短句练习

1. 妈妈在衣袖上绣了许多星星。
2. 吹箫人的箫声消失了。
3. 儿童们在嬉戏时发出嘻嘻哈哈的笑声。
4. 小溪里的溪水徐徐向前流去。
5. 悬崖边的洞穴里住着危险的熊。

游戏：星星大救援

训练方法：成人将短句拆分为几个部分，模拟被"吹散"的"星星"。成人引导儿童正确朗读若干遍句子后，将"星星"打乱，引导儿童凭借记忆将"星星"复原。

训练促进点：训练儿童"x"的发音，提升儿童的记忆力。

训练材料：妈妈在衣袖上绣了许多星星；吹箫人的箫声消失了；儿童们

在嬉戏时发出嘻嘻哈哈的笑声；小溪里的溪水徐徐向前流去；悬崖边的洞穴里住着危险的熊。

（四）儿歌练习

小小孩，上南洼，

刨个坑，种西瓜。

先长叶，后开花，

结个西瓜圆又大，

乐得小孩笑哈哈。

游戏：小小朗诵家

训练方法：成人引导儿童朗诵儿歌，成人将手抬高，儿童即大声朗读，将手放低，儿童即小声朗读。成人可自由控制手的高低，儿童需迅速反应。

训练促进点：在儿歌朗诵中训练儿童的"x"发音，同时训练儿童的注意力。

训练材料：小小孩，上南洼，刨个坑，种西瓜。先长叶，后开花，结个西瓜圆又大，乐得小孩笑哈哈。

第十五节　声母 zh

一、发音原理

（一）发音部位及发音方法

1. 发音部位

"zh"是舌尖后不送气清塞擦音，涉及的发音部位是舌尖后部和硬腭前部，发音方法是舌尖抵住硬腭前部，形成闭塞，接着软腭上升，堵塞鼻腔通路，声带不振动，然后使口中微弱的气流把舌尖后部和硬腭前部形成的阻碍冲开一道窄缝，并从中挤出，摩擦成声。

2. 发音方法

正确发出塞音和擦音是发"zh"的关键。

可以采用下面的方法：发音时，首先要将舌尖抵住硬腭前部，形成气流通路的完全阻塞，避免出现闭合不完全的情况，然后口中的气流要把二者间形成的阻碍冲开一条窄缝，从中缓慢通过，摩擦成声。先破裂，后摩擦，结合成一个音。

（二）发音游戏

游戏1：指天指地

训练方法：成人引导儿童用舌尖点触上齿龈以及下齿龈，分别对应舌尖"指天"和"指地"，反复练习。

训练促进点：训练儿童舌头灵的活度，帮助儿童更加准确地找出舌头发音时的摆放位置。

训练材料：无。

游戏 2：交朋友

训练方法：成人准备一个小熊布偶，用小熊轻点儿童面颊，引导儿童用舌头在口腔内与小熊"触碰"，以作"打招呼"，反复练习。

训练促进点：这个训练通过反复变化舌尖触碰位置，达到训练儿童舌肌灵活度的效果。

训练材料：无。

二、听辨训练

能够分辨出"zh"和其他声母发音的不同，是正确发出"zh"的前提，可采用下面的游戏练习分辨"zh"的发音。

游戏 1：玩偶快跑

训练方法：成人准备小玩偶，并在白纸上画出随机线条和星星标记作为"地图"。成人念出以"zh""ch""sh"为声母的词语，当儿童听见词语以"zh"为声母的词语时，将玩偶向前移一格，直至到达终点。

训练促进点：训练儿童注意力，以及对"zh""ch""sh"的分辨能力。

训练材料：政治、真正、战争、转折、蜘蛛、正装、纸张、专著、传承、出处、穿插、长处、抽查、惆怅、车窗、澄澈、身上、深深、山水、事实、史诗、上升、身世、师生等。

游戏 2：折纸小达人

训练方法：成人准备白纸若干以及相关简易折纸教程。成人朗读以"zh""ch""sh""z"为声母的词语，当儿童听见词语以"zh"为声母的词语时，儿童进行一步折纸，直至完成折纸作品。

训练促进点：提升儿童的注意力和动手能力，以及分辨"zh""ch""sh""z"的能力。

训练材料：政治、真正、战争、转折、蜘蛛、正装、纸张、专著、传承、出处、穿插、长处、抽查、惆怅、车窗、澄澈、身上、深深、山水、事实、史诗、上升、身世、师生、藏族、增长、宗旨、尊重、作者、阻止、准则、自主等。

三、发音联想

（一）生活中的发音

1. 小老鼠发出"吱吱吱"的声音。
2. 我们推木门的时候会发出"咯吱咯吱"的响声。

（二）趣味发音游戏

游戏：城堡探险

训练方法： 成人准备一张有许多门图案的城堡图（自行绘画即可）。门上有以"zh"为声母的单字，儿童正确大声朗读后，即可"开门"。与此同时，儿童模仿开门时"咯吱咯吱"的声音，直到儿童打开所有的门并形象地模拟声音即为胜利。

训练促进点： 通过模拟开门声，提升儿童对"zh"的发音的熟练度。

训练材料： 这、者、中、指、整、张、站、真等。

四、发音练习

（一）单字练习

zhā 扎（1Z-2321）zhāi 摘（1Z-2324）zhàn 战（1Z-2332）zhǎo 找（1Z-2345）
zhé 折（1Z-2352）zhēn 针（1Z-2357）zhèng 正（1Z-2373）zhǐ 纸（1Z-2398）
zhōu 舟（1Z-2419）zhū 猪（1Z-2430）

（二）单字游戏

游戏1：寻找小猪

训练方法： 成人准备画有不同动物形象的纸张，并引导儿童一起念童谣："小猪小猪真可爱，我们一起找找看。"成人向儿童展示以"zh"为声母的单字字卡，儿童正确念出后即可在纸上"寻找小猪"，成人根据儿童完成情况给予适当奖励。

训练促进点：加强儿童对"zh"的发音的掌握，并锻炼儿童的应变能力。

训练材料：摘、站、纸、找、猪、中、这、至、者、州、郑、装、赵等。

游戏2：小舟过河

训练方法：成人准备以"zh"为声母的小舟状单字字卡。儿童正确大声朗读字卡上的内容，"小舟"即可顺利"渡河"，直至所有"小舟"顺利渡河即为胜利。

训练促进点：在循序渐进的训练中，锻炼儿童"zh"的发音。

训练材料：摘、中、这、张、找、至、者、州、郑、装、赵、抓、站、纸、折、猪、周、针等。

五、综合巩固

（一）词语练习

zhàn zhēng 战争（1Z-2332）　zhēn zhèng 真正（1Z-2360）　zhēng zhá 挣扎（1Z-2369）

zhèng zhì 政治（1Z-2376）　zhì zuò 制作（1Z-2403）　zhòng zhí 种植（1Z-2414）

zhù zhái 住宅（1Z-2438）　zhuā zhù 抓住（1Z-2447）　zhuī zhú 追逐（1Z-2459）

zhuō zi 桌子（1Z-2462）

游戏：手指找朋友

训练方法：成人引导儿童念童谣并做出相应动作："手指碰碰（儿童和成人手指指腹对碰），点点头（儿童和成人手指弯曲模拟点头状），你好我们做朋友。"成人问儿童"你叫什么名字"并展示相应词卡，儿童说"我是××（词卡内容）"，如此循环。

训练促进点：训练儿童掌握"zh"的发音，熟读词语，并习得一定日常交际短语。

训练材料：政治、战争、纸张、正装、转折、装置、住宅、指针、蜘蛛、珍珠、站长、支柱等。

（二）短语练习

zhòng zhí zhú zi
种植竹子（1Z-2432）　　zhuāng zhòng de zhì zhě
庄重的智者（1Z-2407）

zhàn zhēng de zhuǎn zhé diǎn
战争的转折点（1Z-2451）zuò zhě de zhù zhǐ
作者的住址（1Z-2438）

zhēn zhèng de zhēn zhū
真正的珍珠（1Z-2359）

（三）短句练习

游戏：过小桥

训练方法：成人准备较为繁复的句子，引导儿童大声朗读后进行缩句，让长句得以过"小桥"。如"黄色的桌子上有一张皱皱的白纸"，缩短为"桌子上有纸"。

训练促进点：锻炼儿童的缩句能力，提升儿童对"zh"音的熟练度。

训练材料：黄色的桌子上有一张皱皱的白纸；认真的壮壮用粉色的纸制作了一只可爱的小猪；等等。

游戏：从词到句

训练方法：成人准备"竹""智""战""住""真"这几个字的卡片，然后让学生跟读并自己创造句子，如"竹竹竹，竹子，我们要种植竹子。""智智智，智者，他是庄重的智者"。以此类推，让学生根据短语练习的内容完成后面几个句子。

训练促进点：锻炼儿童扩句能力的同时提升儿童声母 zh 的发音能力。

训练材料：竹、种植；智、庄重；战、战争、转折；住、作者、住址；真、真正、珍珠。

1. 抓住战争的转折点是取得胜利的重中之重。

2. 尊重儿童、注重沟通，让儿童在真正的教育中茁壮成长。

3. 这周有一位著名的小说作者来开会。

4. 桌子上有一张纸。

5. 壮壮用折纸制作了一只小猪。

（四）儿歌练习

知道不知道，
认识从实践始，
实践出真知。
知道就是知道，
不知道就是不知道。
不要知道说不知道，
也不要不知道说知道。
老老实实，实事求是，
一定要做到不折不扣的真知道。

游戏：点头摇头操

训练方法：成人带领儿童边念儿歌边做操。念到"认识从实践始，实践出真知"时，成人带领儿童原地踏步。随后，在念到"知道"的时候，点点头，念到"不知道"的时候，摇摇头。念到"老老实实，实事求是，一定要做到不折不扣的真知道"时，成人带领儿童有节奏地拍手。

训练促进点：在训练"zh"的发音的同时，引导儿童树立正确的三观。

训练材料：知道不知道，认识从实践始，实践出真知。知道就是知道，不知道就是不知道。不要知道说不知道，也不要不知道说知道。老老实实，实事求是，一定要做到不折不扣的真知道。

第十六节　声母 ch

一、发音原理

（一）发音部位及发音方法

1. 发音部位

"ch"是舌尖后送气清塞擦音，涉及的发音部位是舌尖后部和硬腭前部，发音方法是舌尖抵住硬腭前部，形成闭塞，接着软腭上升，堵塞鼻腔通路，声带不振动，然后使口中较强的气流把舌尖后部和硬腭前部形成的阻碍冲开一道窄缝，并从中挤出，摩擦成声。

2. 发音方法

正确发出塞音和擦音是发"ch"的关键。

可以采用下面的方法：发音时，首先要将舌尖抵住硬腭前部，形成气流通路的完全阻塞，避免出现闭合不完全的情况，然后口中的气流要把二者间形成的阻碍冲开一条窄缝，从中缓慢通过，摩擦成声。先破裂，后摩擦，结合成一个音。

（二）发音游戏

游戏 1：吃白糖

训练方法：成人用棉棒把白糖抹在儿童的硬腭上，儿童的舌头上抬，舔白糖，同时发"ch"音。训练舌头的力度和灵活度，为发摩擦音做准备。

训练促进点：增强舌头的力量，提高舌头的灵活性。

训练材料：无。

游戏 2：吹动手纸巾

训练方法：家长将手纸巾放在儿童唇前。儿童在卷舌的同时送出短而强的气流，发声练习"ch"音，用手指感受气流。

训练促进点：锻炼儿童舌肌发力，同时可以强化发音位置。增强舌头的力量，提高舌头的灵活性，促进正确发"ch"音的能力。

训练材料：无。

二、听辨训练

能够分辨出"ch"和其他声母发音的不同，是正确发出"ch"的前提，可采用下面的游戏练习分辨"ch"的发音。

游戏 1：拯救小点点

训练方法：成人准备若干糖果，称为小点点，放在一个盒子里，儿童想要解救小点点，就要听成人的"指令"，只有听到含有声母 ch 的词语，才可以解救一名小点点。解救出所有小点点，视为胜利。

训练促进点：提高儿童的注意力以及分辨拼音的能力，成人通过不同发音的混淆，以及语速的改变，促进儿童分清"ch""c""sh"三个音。

训练材料：传承、长春、出差、抽出、城池、初春、橱窗、拆除、出场、出处、惆怅、此次、曹操、猜测、层次、匆匆、粗糙、催促、摧残、草丛、璀璨、残存、措辞、上升、实施、税收、施舍、史诗、山水、身世、时尚、手术、设施、受伤等。

游戏 2：小熊回家

训练方法：成人准备一只玩具熊，设置好起点、终点以及"回家"路线，儿童听成人念绕口令，听到含有声母 ch 的字则向前走一步，听到以"c"或"sh"为声母的字则不能前进，若走错了，则要倒退一步，直到儿童带玩具熊回家即获得奖励。

训练促进点：提高儿童的注意力以及分辨拼音的能力，语速的改变和游戏的趣味性，可以帮助儿童分清"ch""c""sh"三个舌面后音。

训练材料：这是蚕，那是蝉，蚕常在叶里藏，蝉常在林里唱。

三、发音联想

（一）生活中的发音

当儿童感到饥饿，想要吃饭时，发出"ch-ch-ch"的声音。

（二）趣味发音游戏

游戏：我是开心果

训练方法：引导儿童发出"嗤嗤"的笑声，来增强对声母ch的敏感度。

训练促进点：引导儿童通过笑声联想到"ch"的发音，在乐趣中进行练习发音，提高记忆能力。

训练材料：无。

四、发音练习

（一）单字练习

chá（1C-175） chán（1C-180） chàng（1C-194） chǎo（1C-201）
茶 缠 唱 炒

chē（1C-202） chén（1C-210） chéng（1C-223） chī（1C-224）
车 晨 橙 吃

chú（1C-251） chuáng（1C-264）
厨 床

（二）单字游戏

游戏1：数汽车

训练方法：成人带儿童在马路边指认车辆类型，说出车辆的名称，如自行车、摩托车、卡车、汽车等。

训练促进点：集中儿童注意力，在趣味中学会对声母ch的运用。

训练材料：车。

游戏 2：吃什么

训练方法：成人准备各种食物的照片，引导儿童说出"我想吃……"，如"我想吃汉堡""我想吃火锅"等，这个活动训练"ch"的发音，让儿童加深对声母 ch 的理解。

训练促进点：通过反复的刻意练习，加强儿童对声母 ch 的记忆，并运用于生活中。

训练材料：吃。

五、综合巩固

（一）词语练习

chǎn chē　　　　　chánɡ chénɡ　　　　cháo chē
铲 车（2C-82）　长 城（1C-185）　超 车（1C-196）

chē chuānɡ　　　　chén chuán　　　　　chénɡ chí
车 窗（1C-202）　沉 船（1C-208）　城 池（1C-219）

chí chěnɡ　　　　 chōu chá　　　　　 chū chūn
驰 骋（1C-226）　抽 查（1C-239）　初 春（1C-249）

chuán chénɡ
传 承（1C-259）

游戏：快来猜猜看

训练方法：成人准备一个计时器，成人与儿童一起参与游戏，准备一些关于含有声母 ch 的字或词语的图片，在指定时间内，成人和儿童分别看图猜词，猜出词语并且准确读出词语发音者得一分，谁分数多则获胜。

训练促进点：通过词语训练，系统地提高儿童对"ch"的发音掌握度。

训练材料：传承、长春、出差、抽出、城池、初春、橱窗、拆除、出场、出处、惆怅、乘车、驰骋等。

（二）短语练习

chū chǎnɡ de chǎn pǐn　　　　chú chén de liú chénɡ
出 厂 的 产 品（1C-181）　除 尘 的 流 程（1C-206）

橱窗的成本（1C-263）常常出差（1C-248）
充斥市场（1C-232）

游戏：抛圈小游戏

训练方法：成人准备几个圈，在地上摆放几张折成不同形状的纸（纸飞机、爱心、青蛙等），纸上写上含有声母 ch 的词语，要求儿童套圈套中，并打开纸，用一个形容词来形容该词语可以积一分，满 10 分即可获得小奖励。例如，"传承"，儿童可以回答出"历史的传承"。

训练促进点：通过短语训练，系统地加强儿童对"ch"的发音的掌握。

训练材料：雄伟的长城、精美的橱窗、微寒的初春、历史的传承、随机地抽查、坚固的城池等。

（三）短句练习

1. 楚楚动人的春姑娘，穿了一身花衣裳。
2. 今年长春举办了许多车展。
3. 汽车穿过街道的岔路。
4. 乘船之前我吃了抻面。
5. 社会发展不仅需要传承历史经验，还需要进行文化创新。

游戏：消失的句子

训练方法：成人准备写有相关句子的纸条，带领儿童认读后盖住句子的一部分，让儿童说出盖住的部分，回答正确即盖住整个句子，直至句子被全部盖住。

训练促进点：提高儿童对声母 ch 的认读，训练儿童的记忆能力。

训练材料：楚楚动人的春姑娘，穿了一身花衣裳；今年长春举办了许多车展；汽车穿过街道的岔路；乘船之前我吃了抻面；社会发展不仅需要传承历史经验，还需要进行文化创新。

（四）儿歌练习

吃饭前，要洗手。

吃饭后，要漱口。

慢慢吃，不挑食。

好习惯，要坚持。

游戏：我的好习惯

训练方法：成人与儿童一起将肢体语言与儿歌相结合。如"吃饭前，要洗手"，成人和儿童一起做出洗手的动作。"吃饭后，要漱口"，儿童和成人一起做出刷牙的动作。"慢慢吃，不挑食"，成人与儿童一起做出吃饭的动作。"好习惯，要坚持"，成人和儿童击掌。在儿歌亲子互动中提升儿童的语言能力，提高儿童正确发"ch"音的能力。

训练促进点：训练儿童正确发"ch"的音，通过语速的变化配合手部动作，提高儿童的记忆能力，促进亲子关系。

训练材料：吃饭前，要洗手。吃饭后，要漱口。慢慢吃，不挑食。好习惯，要坚持。

第十七节　声母 sh

一、发音原理

（一）发音部位及发音方法

1. 发音部位

"sh"是舌尖后清擦音，涉及的发音部位是舌尖后部和硬腭前部，发音方法是舌尖接触硬腭前部，形成窄缝，然后软腭上升，堵塞鼻腔通路，声带不振动，然后使口中的气流从窄缝中挤出，摩擦成声。

2. 发音方法

正确发出擦音是发"sh"的关键。

可以采用下面的方法：发音时，舌尖与硬腭前部相接触，气流从二者之间的窄缝中流出，摩擦成声。

（二）发音游戏

游戏1：一起来觅食

训练方法：成人撕掉酸奶盖子，引导儿童伸出舌头舔舐杯子里面的酸奶，加快舌头的移动速度。

训练促进点：增强舌头的力量，增强儿童舌尖上抬能力，提高舌头的灵活性。

游戏2：寻找酸奶

训练方法：成人将酸奶涂到儿童嘴唇的上、下、左、右四个位置，引导儿童伸出舌头舔掉酸奶。改变舌头的移动速度。

训练促进点：增强舌头的力量；提高舌头的灵活性。

训练材料：无。

二、听辨训练

能够分辨出"sh"和其他声母发音的不同，是正确发出"sh"的前提，可采用下面的游戏练习分辨"sh"的发音。

游戏 1：灵活举起手

训练方法：儿童在桌子前坐好，成人念训练材料，当听到"sh"音时，举起右手，当听到"s"音时举起左手，回答得又快又准加一分，率先获得20分则获得胜利。

训练促进点：速度可以循序渐进，集中儿童注意力，练习听辨能力。

训练材料：是、时、蛇、舍、社、舌、式、傻、水、生、甚、神、审、叔、少、撒、四、似、死、思、色、塞、仨、萨、岁、碎、瑟、搜等。

游戏 2：赛跑冲冲冲

训练方法：成人和儿童站在同一起跑线，由另一位成人念训练材料，当听到"sh"音时，儿童向前走一步，当听到"zh"音、"ch"音或"r"音时，成人向前走一步，需要在两秒内作答，答错或超过时间都要向后退一步，率先走10步者获得胜利。

训练促进点：速度可以循序渐进，集中儿童注意力，练习听辨能力。

训练材料：是、时、蛇、舍、社、舌、式、傻、水、生、甚、神、审、叔、少、撒、四、似、死、思、色、塞、仨、萨、岁、碎、瑟、搜等。

三、发音联想

（一）生活中的发音

树在摇它的叶子：让儿童扮作一棵树，一边挥手一边说"沙沙、沙沙"。

（二）趣味发音游戏

游戏：我是一棵小树苗

训练方法： 让小朋友扮作一棵树，成人在旁边"浇水"，每次"浇水"，"树苗"都会长高一点，引导儿童一边"长高"一边发出"沙沙、沙沙"的声音。

训练促进点： 引导儿童通过模仿游戏联想到"sh"的发音，在乐趣中练习发音，提高记忆能力。

训练材料： 沙沙。

四、发音练习

（一）单字练习

shān   shàng   shǎo   shé
山（1S-1566） 上（1S-1577） 少（1S-1582） 舌（1S-1585）
shēng   shī   shí   shǒu
声（1S-1606） 师（1S-1616） 石（1S-1623） 手（1S-1652）
shū   shuǐ
蔬（1S-1669） 水（1S-1692）

（二）单字游戏

游戏1：抛圈小游戏

训练方法： 成人准备含有声母sh的字的纸片若干，放进空的矿泉水瓶中，引导儿童站在一定的距离外，对着摆放好的瓶子抛圈，抛中则需要打开瓶子，并且大声朗读里面的字，准确则积一分，达到20分则获得奖励。

训练促进点： 通过游戏加强发音能力，提高儿童注意力，调动儿童兴趣，进行语言训练。

训练材料： 是、时、蛇、舍、社、舌、式、傻、水、生、甚、神、审、叔、少、上、史、手、数、书等。

游戏2：拯救小熊

训练方法： 成人准备含有声母sh的字的纸片若干，摆成"S"形，把玩具熊放置在最后，引导儿童从头开始大声朗读卡片上的字，回答正确，则可以向前走一步，走到最后拯救小熊即为获胜。

训练促进点：通过游戏加强发音能力，提高儿童注意力，调动儿童兴趣，进行语言训练。

训练材料：是、时、蛇、舍、社、舌、式、傻、水、生、甚、神、审、叔、少、上、史、手、数、书等。

五、综合巩固

（一）词语练习

沙子（1S-1559） 纱裙（1S-1560） 衬衫（1S-1568）
珊瑚（1S-1569） 陕西（1S-1571） 伤心（1S-1574）
少年（1S-1582） 神话（1S-1597） 狮子（1S-1619）
叔叔（1S-1663）

游戏：词语飞花令

训练方法：成人准备一个计时器，成人与儿童一起参与游戏，轮流说出含有声母 sh 的词语，倒计时5秒钟，谁回答得多便取得胜利，获得小奖励。让儿童在游戏中体会成就感，提高训练效果。

训练促进点：通过词语训练，系统地提高儿童对"sh"音的掌握。

训练材料：水果、蔬菜、熟菜、书本、叔叔、数学、输血、数目、树苗、熟悉、睡觉、水杯、沙海、沙子、刹车、删除、闪电、山峰、舍得、舌头、社会、摄影等。

（二）短语练习

晒太阳（1S-1565）　　闪耀的红星（1S-1570）

聪明的小和尚(1S-1578) 后羿射日(1S-1590)
睡美人(1S-1694)

游戏：你画我猜

训练方法：成人准备纸和彩笔，成人和儿童轮流画画让对方猜，准备好画画内容的材料，答对的同时要发挥想象，说出一个形容该词汇的短语。如事件——可怕的事件。规定时间内谁答对词语多即为获胜。

训练促进点：在手脑并用的同时，提高儿童发音能力，提升游戏趣味性，提高训练效果。

训练材料：可怕的事件、美丽的睡美人、悠闲地晒太阳、聪明的小和尚、闪耀的红星、好看的书本、勤劳的叔叔、精致的水杯、感人的历史故事等。

（三）短句练习

1. 守岛就是守家，国安才能家安。
2. 胜利是属于我们的。
3. 春天来了，冬眠的蛇纷纷醒了过来。
4. 福如东海，寿比南山。
5. 逝者如斯夫，不舍昼夜。

游戏：我们一起去探险

训练方法：成人将含有声母 sh 的词语的句子写在纸条上，折成不同的形状，放在瓶子里。卡片按照字的发音由简单到复杂的顺序排列成"Z"形，在终点处放置一个盒子，里面装着一些小礼物或者玩具，作为奖励。成人引导儿童从起点处朗读纸上的内容，朗读需要明亮准确，再进行下一个句子的朗读，直到最后获得小奖励。

训练促进点：从字开始，速度由慢到快，分阶段系统地练习，加强发音能力。提高儿童注意力，调动儿童兴趣，进行语言训练。

训练材料：守岛就是守家，国安才能家安；胜利是属于我们的；春天来了，冬眠的蛇纷纷醒了过来；福如东海，寿比南山；逝者如斯夫，不舍昼夜。

（四）绕口令练习

四是四，十是十；十四是十四，四十是四十；别把四十说十四，别把十四说四十。要想说好四和十，全靠舌头和牙齿。要想说对四，舌头碰牙齿；要想说对十，舌头别伸直。认真学，常练习，十四、四十、四十四。

游戏：四和十

训练方法：成人与儿童一起运用肢体语言与绕口令相结合，提高互动性。如四是四（双手比出"四"），十是十（手臂交叉比出"十"的形状）；十四是十四（手臂交叉比出"十"的形状），四十是四十（双手比出"四"）。

训练促进点：训练儿童"sh"的发音；提高儿童的记忆能力。

训练材料：四是四，十是十；十四是十四，四十是四十；别把四十说十四，别把十四说四十。要想说好四和十，全靠舌头和牙齿。要想说对四，舌头碰牙齿；要想说对十，舌头别伸直。认真学，常练习，十四、四十、四十四。

第十八节　声母 r

一、发音原理

（一）发音部位及发音方法

1. 发音部位

"r"是舌尖后浊擦音，涉及的发音部位是舌尖后部和硬腭前部，发音方法是舌尖接触硬腭前部，形成窄缝，接着软腭上升，堵塞鼻腔通路，声带振动，然后使口中的气流从窄缝中挤出，摩擦成声。

2. 发音方法

正确发出擦音是正确发"r"的关键。

可以采用下面的方法：发音时，舌尖与硬腭前部相接触，气流从二者之间的窄缝中流出，摩擦成声。

（二）发音游戏

游戏1：推积木

训练方法：成人准备积木若干。成人引导儿童用舌头将积木推到指定位置，根据儿童完成情况给予适当奖励。

训练促进点：这个训练可以增强舌肌力量。

训练材料：无。

游戏 2：指哪儿打哪儿

训练方法：成人准备压舌板一个，轻柔地将压舌板探入儿童口腔，指向发音正确位置，儿童用舌尖抵住成人指的地方。

训练促进点：这个训练可以使儿童明确发音位置，提高发音的准确性，让儿童明白发"r"音的时候舌尖是上翘不动的。

训练材料：无。

二、听辨训练

能够分辨出"r"和其他声母发音的不同，是正确发出"r"的前提，可采用下面的游戏练习分辨"r"的发音。

游戏 1：欢乐球球

训练方法：成人准备两种颜色的乒乓球若干，写有含声母 r 或声母 l 的字卡若干、纸箱一个。成人朗读字卡内容，儿童听到后迅速辨别发音并把对应颜色的乒乓球放到纸箱中，成人根据儿童正确率给予适当奖励。

训练促进点：提升儿童的反应能力，区别"r"音和"l"音的不同。

训练材料：日、肉、仁、让、扔、然、软、热、来、刘、炉、老、路、蓝、龙、辣等。

游戏 2：给他小红花

训练方法：成人准备一张写有含声母 r 和声母 l 词语的纸，一支红笔。成人给儿童做示范，在含"r"音词语的下面画上一朵小红花，并引导儿童在朗读的同时独立完成剩余词语的标记。成人根据儿童完成情况给予适当奖励。

训练促进点：让儿童在独立读写中分辨声母 r 和声母 l 的不同。

训练材料：日本、猪肉、烹饪、如果、仍然、染发、认识、人民、旅游、乱跑、无聊、数量、拉扯、联名、下来等。

三、发音联想

（一）生活中的发音

像棵小芽 rrr，

棵棵小芽爱红日，

日日都在看红日。

（二）趣味发音游戏

游戏：小苗发芽

训练方法：准备纸和笔。成人教儿童在纸上写声母 r，告诉儿童小苗发芽要靠太阳，并引导儿童在练习写"r"的同时说出"像棵小芽 rrr"。

训练促进点：使儿童在发"r"音时联想到该场景。

训练材料：像棵小芽 rrr 等。

四、发音练习

（一）单字练习

燃^{rán}（1R-1505）嚷^{rǎng}（1R-1507）人^{rén}（1R-1515）忍^{rěn}（1R-1517）

扔^{rēng}（1R-1520）融^{róng}（1R-1528）软^{ruǎn}（1R-1536）日^{rì}（1R-1522）

弱^{ruò}（1R-1541）肉^{ròu}（1R-1530）

（二）单字游戏

游戏 1：他是什么人

训练方法：成人准备不同职业工作者的图片，任意抽出一张图片向儿童展示，并提问"他是什么人"，引导儿童回答"他是工人""他是老人"等，成人根据儿童完成情况给予适当奖励。

训练促进点：重复训练相关字的发音，能够提升儿童对"r"音的掌握程度，同时增加儿童的基本日常认知。

训练材料：他是××人。

游戏2：认认是什么

训练方法：准备任意生活用品若干，成人展示物品并询问儿童是否认识该物品，引导儿童回答"认识"或"不认识"，成人告知物品名称及用途，并根据儿童完成情况给予适当奖励。

训练促进点：通过日常对话引导儿童重复练习相关字词，提升儿童的反应能力和对"r"音的掌握程度。

训练材料：无。

五、综合巩固

（一）词语练习

róng rù
融入（1R-1528）

róng róng
熔融（1R-1527）

róng rǔ
荣辱（1R-1524）

róu ruò
柔弱（1R-1541）

rén rén
仁人（1R-1516）

rén rǔ
人乳（1R-1515）

rěn ràng
忍让（1R-1517）

róng rěn
容忍（1R-1525）

róu ruǎn
柔软（1R-1536）

róu rèn
柔韧（1R-1529）

游戏：松鼠过冬

训练方法：成人准备不同种类的果仁若干并标明种类，儿童扮演"小松鼠"出场，成人提问"松鼠过冬需要什么食物呢"，引导儿童说出"核桃仁""瓜子仁"等答案，并让儿童尝试果仁的味道。

训练促进点：通过直接奖励的形式调动儿童参与游戏的积极性，提高"r"音相关词的训练频率。

训练材料：核桃仁、花生仁、瓜子仁等。

（二）短语练习

染色的绒布（1R-1506）　柔软的绸缎（1R-1529）

乳白的绒毛（1R-1533）　软弱的性格（1R-1536）

湿润的土壤（1R-1539）

游戏：高级特工

训练方法：成人准备写有任务的卡片若干（如取东西等），儿童任意抽取任务卡并完成对应任务，完成后对成人说出："任务完成！"成人可继续询问："完成的是什么任务？"引导儿童回答"完成了……的任务"。成人根据儿童完成情况给予适当奖励。

训练促进点：反复练习相关词语，能够让儿童熟练发"r"音的同时增强动手能力。

训练材料：可以参考的任务建议：①摸摸自己柔软的肚子；②吹吹桌上乳白的绒毛；③摸摸这块染色的绒布。

（三）短句练习

1. 小明为了赢得800米冠军，绕着操场训练了一圈又一圈。
2. 小红的妈妈总是温柔地和小朋友说话。
3. 那朵红色小花的中央可以看到若隐若现的花蕊。
4. 那轮红日照耀着大地，小动物纷纷出来在阳光下玩耍。
5. 小美非常喜欢毛茸茸的玩偶，总是抱着自己的毛绒小熊一起玩。

游戏：你扔我接

训练方法：准备一个孩子最喜欢的毛绒玩具。成人扔毛绒玩具让儿童接，边做动作边说口令，儿童接住后，二人可以对调继续游戏。

训练促进点：通过轻度体育运动的形式训练儿童对含声母 r 的词语的短句的掌握，提高儿童发"r"音的熟练度。

训练材料：可以参考的口令建议：①我温柔地扔给你（搭配语气：轻柔）；②我绕椅子一圈再扔给你（搭配动作：绕椅子跑一圈）；③红日照着我，我把玩具扔给你（搭配动作：手指着天空）；④我摸一下毛茸茸的玩具，然后扔给你（搭配动作：手抚摸玩具）。

（四）绕口令练习

夏日无日日亦热，冬日有日日亦寒，
春日日出日渐暖，晒衣晒被晒褥单，
秋日天高又云淡，仍看红日迫西山。

游戏：相约看日出

训练方法：准备日历一本，成人在日历上任意画出几个日期，儿童需要在规定时间内连续读完"×月×日是春/夏/秋/冬日，×月×日看日出"。成人根据儿童完成情况给予适当奖励。

训练促进点：通过规定时间调整儿童发音速度，能够提高儿童对发"r"音的熟练程度，增强儿童对含有声母r的词语的句子的综合掌握能力。

训练材料：×月×日是春/夏/秋/冬日，×月×日看日出。

第十九节　声母 z

一、发音原理

（一）发音部位及发音方法

1. 发音部位

"z"是舌尖前不送气清塞擦音，涉及的发音部位是舌尖前部和上齿背，发音方法是舌尖抵住上齿背，形成闭塞，接着软腭上升，堵塞鼻腔通路，声带不振动，然后使口中微弱的气流把舌尖前部和上齿背形成的阻碍冲开一道窄缝，并从中挤出，摩擦成声。

2. 发音方法

正确发出塞音和擦音是发"z"的关键。

可以采用下面的方法：发音时，首先要将舌尖抵住上齿背，形成气流通路的完全阻塞，避免出现闭合不完全的情况，然后口中的气流要把二者间形成的阻碍冲开一条窄缝，从中缓慢通过，摩擦成声。先破裂，后摩擦，结合成一个音。

（二）发音游戏

游戏 1：我是小小搬运工

训练方法：准备一张卡纸和一些较轻的物品，如糖果、米等。成人引导儿童用上下牙齿咬住卡纸，可以在卡纸上放置一些较轻的物品，让儿童保持唇齿姿势，对物品进行"运输"。

训练促进点：通过游戏的方式，使儿童更清楚发音时牙齿的摆放部位，训练发"z"音时唇齿的力量。

训练材料：无。

游戏2：守护雪花

训练方法：准备足够的棉花，放置于成人的手中，让儿童保持发"z"音时唇齿的位置，嘴唇微张，上下牙齿紧闭，要引导儿童在发音时保持"雪花"不动。

训练促进点：通过游戏，练习气息，训练"z"的发音。

训练材料：无。

二、听辨训练

能够分辨出"z"和其他声母发音的不同，是正确发出"z"的前提，可采用下面的游戏练习分辨"z"的发音。

游戏1：我们一起拍拍手

训练方法：成人与儿童面对面，让儿童关注成人发音的口型，成人分别念含有声母z、声母c、声母s的字，如果是含有声母z的，则需要儿童左手与成人左手击掌一次；如果是含有声母c或声母s的字，则需要儿童右手与成人右手击掌一次。可以通过速度的改变促进儿童的分辨能力。

训练促进点：让儿童在游戏中观察声母z、声母c、声母s在发音时候的口型不同，以便分辨"z"的发音。

训练材料：在、咋、杂、则、择、喷、祖、组、租、足、族、子、字、资、贼、最、早、造、遭、罪、嘴、仔、姊、滋、次、从、才、擦、菜、猜、催、脆、翠、测、册、策、摧、藏、仓、沧、舱、层、曾、蹭、岑、四、死、思、斯、似、私、撒、仨、萨、洒、岁、随、虽、遂、桑、丧、散、伞、森、僧、飒等。

游戏2：登顶之赛

训练方法：儿童和成人在上楼梯的时候，可以让成人把含有声母z、声母 zh、声母 j 的字交替念出来，要求儿童在听到含有声母 z 的字时，才能往上走一阶，直到回到家为止。

训练促进点：通过游戏，增强儿童听辨"z"音词语的能力，区分声母 z、声母 zh、声母 j 的发音。

训练材料：在、咋、杂、则、择、啧、祖、组、租、足、族、子、字、资、贼、最、早、造、遭、罪、嘴、仔、姊、滋、之、中、着、坠、主、炸、张、指、转、周、粥、扎、展、战、占、整、珍、钊、找、只、值、装、庄、就、家、将、及、集、假、级、酒、久、旧、揪、街、界、洁、寄、基、句、聚、剧、饥、讲、建等。

三、发音联想

（一）生活中的联想

学习时我们要常常动笔写字，"zi-zi-zi"。

（二）趣味发音游戏

游戏：拒绝不文明行为

训练方法：当成人说出"啧啧啧"的声音时，要引导儿童在胸口前做"×"的动作，告诉儿童发出这种声音是不礼貌的行为。

训练促进点：在发音联想中促进儿童对"z"音的熟练度，树立正确的价值观。

训练材料：无。

四、发音练习

（一）单字练习

子(1Z-2470) 字(1Z-2472) 砸(1Z-2288) 咱(1Z-2295)
钻(1Z-2488) 走(1Z-2480) 嘴(1Z-2489) 脏(1Z-2298)
足(1Z-2483) 赞(1Z-2297)

（二）单字游戏

游戏 1：跳一跳

训练方法：准备一些卡纸放在地上，排列成"跳房子"的形状，每一张卡片上都写着含有声母 z 的字，引导儿童跳到每一个格子里，大声念出卡片上的字。在跳跃过程中学会含有声母 z 字的发音。

训练促进点：在游戏中，引导儿童准确发出含有声母 z 的字，激发儿童的好奇心，提高训练效果。

训练材料：在、咋、杂、则、择、啧、祖、组、租、足、族、子、字、资、贼、最、早、造、遭、罪、嘴、仔、姊、滋等。

游戏 2：打开宝箱向前冲

训练方法：准备一个宝箱，里面放着写着含有声母 z 的字的纸片，要求儿童和成人在同一个起点，开始计时，成人和儿童迅速抽出宝箱里的卡片，快速念出正确读音，即可向前跳一步，谁先跳到终点即为获胜。

训练促进点：通过比赛的方式，引导儿童快速准确发出含"z"音的字，提高发音流利度，提高训练效果。

训练材料：在、咋、杂、则、择、啧、祖、组、租、足、族、子、字、资、贼、最、早、造、遭、罪、嘴、仔、姊、滋等。

五、综合巩固

（一）词语练习

自在（1Z-2473） 在座（1Z-2294） 祖宗（1Z-2487）
最早（1Z-2490） 总则（1Z-2478） 曾祖（1Z-2317）
遭罪（1Z-2300） 枣子（1Z-2303） 罪责（1Z-2491）
坐姿（1Z-2498）

游戏：你画我猜

训练方法：准备纸和彩笔，成人和儿童轮流画画让对方猜，准备好画画内容的材料，在动手动嘴的过程中提高对"z"的发音能力。

训练促进点：在手脑并用的同时，提高儿童发音能力，提升游戏趣味性，提高训练效果。

训练材料：组织、组长、尊重、祖宗、阻止、罪责、坐姿、曾祖、枣子、遭罪、早知、早早、再者、载着、字体等。

（二）短语练习

zuò zuò yè　　　　　　　zào rè de zǎo chen
做作业（1Z-2497）　　燥热的早晨（1Z-2302）

zāo shòu de zāi nàn　　　 　 ling rén zēng hèn de zéi rén
遭受的灾难（1Z-2289）令人憎恨的贼人（1Z-2315）

zēng zhǎng de zī yuán
增长的资源（1Z-2467）

游戏：我是小小文学家

训练方法：准备好一些精美卡片，里面包含带有声母z的词语，用卡片引导儿童说出带有形容词的短语，如"做作业""燥热的早晨""遭受的灾难""令人憎恶恨贼人""增长的资源"等，在儿童回答正确之后适当地给予儿童一些鼓励与奖励，如糖果、牛奶等。提高儿童的兴趣和训练效果。

训练促进点：运用视觉吸引的方式，提高儿童对字词的理解，促进发音的同时可以提高儿童的审美能力。

训练材料：做作业、燥热的早晨、遭受的灾难、令人憎恨的贼人、增长的资源等。

（三）短句练习

1. 一座房子前栽了一棵枣树。
2. 一位穿紫色裙子的妈妈在陪她的儿童踢足球。
3. 喜欢钻泥坑的小脏猪不喜欢洗澡。
4. 族人自发地为他组织了一场盛大的葬礼。

5. 藏族人民载歌载舞地庆祝粮食的早熟。

游戏：我是小小邮递员

训练方法：准备一些短句，分别放在一些信封里，制作一个信箱，让儿童扮演"邮递员"，随机抽出信封，引导儿童认真标准地朗读出"信件"内容。

训练促进点：通过多样化的游戏体验，多种角色的扮演，让儿童提高学习兴趣，循序渐进地加强对句子的朗读以及理解，同时可以在训练时进行正确价值观的引导。

训练材料：一座房子前栽了一棵枣树；一位穿紫色裙子的妈妈在陪她的儿童踢足球；喜欢钻泥坑的小脏猪不喜欢洗澡；族人自发地为他组织了一场盛大的葬礼；藏族人民载歌载舞地庆祝粮食的早熟。

（四）绕口令练习

枣厂前有三十三棵桑树，

枣厂后有四十四棵枣树。

三十三棵桑树下有三十三个紫伞，

四十四棵枣树下有四十四头紫蒜。

游戏：种枣树

训练方法：成人与儿童一起将肢体语言与绕口令相结合。如读到"枣厂前有三十三棵桑树"，成人和儿童同时用双手摆出"3"；读到"枣厂后有四十四棵枣树"，成人和儿童同时用双手摆出"4"；读到"三十三棵桑树下有三十三个紫伞"，鼓掌2次；读到"四十四棵枣树下有四十四头紫蒜"，成人与儿童击掌2次。在绕口令亲子互动中提升语言能力，提高正确发"z"音的能力。

训练促进点：训练儿童正确发"z"音，提高儿童的记忆能力。

训练材料：枣厂前有三十三棵桑树，枣厂前有三十三棵桑树，枣厂后有四十四棵枣树。三十三棵桑树下有三十三个紫伞，四十四棵枣树下有四十四头紫蒜。

第二十节　声母 c

一、发音原理

（一）发音部位和发音方法

1. 发音部位

"c"是舌尖前、送气、清、塞擦音，涉及的发音部位是舌尖前部和上齿背，发音方法是舌尖抵住上齿背，形成闭塞，软腭上升，堵塞鼻腔通路，声带不振动，然后使口中较强的气流把舌尖前部和上齿背形成的阻碍冲开一道窄缝，并从中挤出，摩擦成声。

2. 发音方法

正确发出塞音和擦音是发"c"的关键。

可以采用下面的方法：发音时，首先要将舌尖抵住上齿背，形成气流通路的完全阻塞，避免出现闭合不完全的情况，然后口中的气流要把二者间形成的阻碍冲开一条窄缝，从中缓慢通过，摩擦成声。先破裂，后摩擦，结合成一个音。

（二）发音游戏

游戏1：舌头捉迷藏

训练方法：成人引导儿童将舌头伸出，舌尖贴于门牙前，成人说："我要来找小舌头啦，快藏起来。"儿童迅速将舌尖放回门牙后。过后成人可说："好啦，小舌头可以出来活动啦！"儿童再次将舌尖归位，反复练习。

训练促进点：通过舌头伸出、缩回的活动，锻炼儿童舌肌灵活度。同时，帮助儿童找到发"c"音时的正确舌尖位置。

训练材料： 无。

游戏 2：纸巾飞扬

训练方法： 成人准备纸巾放至儿童嘴边，引导儿童发出"呲"的声音，通过气流吹起纸巾，吹得高者获胜。

训练促进点： 练习送气，增强儿童的气息强度。同时，锻炼儿童利用口腔前部发音的感觉，加强儿童的发音能力和控制力。

训练材料： 无。

二、听辨训练

能够分辨出"c"和其他声母发音的不同，是正确发出"c"的前提，可采用下面的游戏练习分辨"c"的发音。

游戏：小马吃草

训练方法： 成人准备小马图片和草料图片，随机念出以"z""c""s"为声母的字词，当儿童听到以"c"作为声母的字词时，即可给"小马"吃"草"。成人可引导儿童说出口诀："小马吃草，快快长高！"

训练促进点： 提高儿童的注意力以及分辨拼音的能力，并且可以正确区分三个舌尖前音"z""c""s"。

训练材料： 菜、猜、册、擦、葱、组、在、脏、丝、三、色等。

三、发音联想

（一）生活中的联想

盖了盖子的锅放在炉子上会发出"呲呲呲呲"的声音。

（二）趣味发音游戏

游戏：家务小帮手

训练方法： 成人准备干净小抹布，引导儿童做擦桌子的动作，可一边擦桌子，一边唱儿歌："乖儿童，擦桌子，擦擦擦，变干净！"

训练促进点：让儿童由擦桌子联想到"c"的发音，通过儿歌训练"c"的发音。同时还可以帮助儿童树立勤做家务、帮助父母的观念。

训练材料：乖儿童，擦桌子，擦擦擦，变干净！

四、发音练习

（一）单字练习

猜（1C-143）擦（1C-142）蚕（1C-156）藏（1C-162）
草（1C-166）册（1C-167）磁（1C-278）葱（1C-284）
翠（1C-293）错（（1C-298）

（二）单字游戏

游戏1：小鸟回家

训练方法：成人准备分别画有小鸟以及鸟巢的卡片若干。小鸟身上写着以"c"或"ch"为声母的字，鸟巢上分别写着声母c、声母ch，成人引导儿童将"小鸟"正确分类，送回相应声母的鸟巢中，并大声朗读。

训练促进点：从单个的字开始，循序渐进地扩展到词、短语和句子，强调练习的系统性，锻炼儿童正确发"c"的音。同时，提高儿童的注意力和兴趣，使他们能动地参与到训练中，提高训练的效率和效果。另外，游戏让儿童对万物生灵更加具有爱心。

训练材料：才、从、册、擦、葱、草、脆、寸、冲、橙、虫等。

游戏2：串一串

训练方法：成人准备以"c""ch"为声母的单字字卡，在每一张字卡上打孔。成人将字卡摆放于桌上，儿童于其中挑选以"c"为声母的单字字卡，大声正确朗读后，用绳子串成一串。全部挑选正确，没有遗漏，即为胜利。

训练促进点：提升儿童发"c"音的准确度。

训练材料：才、从、册、擦、葱、草、脆、寸、冲、橙、虫等。

五、综合巩固

（一）词语练习

木材（1C-145） 餐厅（1C-154） 仓库（1C-159）

测量（1C-169） 词汇（1C-274） 瓷器（1C-275）

刺猬（1C-282） 丛林（1C-287） 粗糙（1C-289）

错误（1C-298）

游戏：小白兔大救援

训练方法：成人准备小兔子玩偶，将绳子缠绕住"小兔子"。成人展示多个以"c"为声母的词语的卡片，儿童朗读正确后即可将"小兔子"身上的绳子解开一圈，绳子全部解开后即"解救"成功。

训练促进点：从单个的字开始，循序渐进地扩展到词、短语和句子，强调练习的系统性，锻炼儿童正确发"c"音。同时，提高儿童的注意力和兴趣，使他们能动地参与到训练中，提高训练的效率和效果。

训练材料：此次、措辞、村庄、猜测、仓促等。

（二）短语练习

采蘑菇的小姑娘（1C-148） 丰盛的菜肴（1C-151）

灿烂的阳光（1C-158） 千层蛋糕（1C-171）

碧绿的草原（1C-166）

游戏：快乐魔方

训练方法：成人将含有声母"c"的短语写于小方纸盒各面，让儿童轻抛，方盒落地后，儿童大声朗读朝上一面显示的短语。

训练促进点：在反复的练习中巩固声母"c"的正确发音，以及积累相关语料，丰富儿童词汇量。

训练材料：远处的村庄、白色的菜花、卓越的才华、快乐地采花、整洁的餐厅等。

（三）短句练习

1. 元宵节有猜灯谜的传统习俗。
2. 她是一位才华横溢的姑娘。
3. 他参加了许多篮球比赛。
4. 操场上有许多做游戏的学生。
5. 慈母手中线，游子身上衣。

游戏：造句小行家

训练方法：成人准备多个词组卡片，让儿童选择词组进行造句并大声朗读。熟练后可让儿童选择两个词组同时运用于一个句子中。

训练促进点：在反复训练发"c"音的同时提升儿童造句能力，夯实语言基础。

训练材料：健康的菜花、才华、采花、美丽的村庄、认真地测量、整洁的餐厅等。

（四）绕口令练习

山前有个崔粗腿，

山后有个崔腿粗。

二人山前来比腿，

不知是崔粗腿比崔腿粗的腿粗，

还是崔腿粗比崔粗腿的腿粗？

游戏：绕口令接龙

训练方法：成人与儿童一人朗读一句绕口令，成人要注意吐字清晰，引导儿童正确发音。熟练后可一人两句，加快朗读速度。

训练促进点：通过互动的方式，让儿童更加有趣味地进行绕口令练习，进而强化"c"的发音以及舌头灵活度。

训练材料：山前有个崔粗腿，山后有个崔腿粗。二人山前来比腿，不知是崔粗腿比崔腿粗的腿粗，还是崔腿粗比崔粗腿的腿粗？

第二十一节　声母 s

一、发音原理

（一）发音部位及发音方法

1. 发音部位

"s"是舌尖前、清、擦音，涉及的发音部位是舌尖前部和上齿背，发音方法是舌尖接触上齿背，形成窄缝，接着软腭上升，堵塞鼻腔通路，声带不振动，然后使口中的气流从窄缝中挤出，摩擦成声。

2. 发音方法

正确发出擦音是发"s"音的关键。

可以采用下面的方法：发音时，舌尖与上齿背相接触，气流从二者之间的窄缝中流出，摩擦成声。

（二）发音游戏

游戏 1：吃果酱

训练方法：将果酱涂在儿童上齿背，让儿童用舌尖将果酱刮干净，比一比谁挂得又快又好。

游戏促进点：使儿童发音时舌尖位置能正确摆放，训练"s"的正确发音。

训练材料：无。

游戏 2：吹纸屑

训练方法：可以在桌子上撒一些小纸屑，桌子的另一端放一个盆，然后让儿童沿着桌子边缘将纸屑一起吹到盆里，记得要用上牙和下牙紧咬吹气。

游戏促进点：训练擦音，提高儿童持续送气的能力，使发音声音延长。

训练材料：无。

二、听辨训练

能够分辨出"s"和其他声母发音的不同，是正确发出"s"音的前提，可采用下面的游戏练习分辨"s"的发音。

游戏 1：钓鱼能手

训练方法：成人准备多张含有声母 s 的单字卡片，正确朗读卡片上的字后，即可"钓"相应的卡片，根据儿童的"钓鱼"数量，适当给予奖励。

训练促进点：通过游戏帮助儿童提升发"s"音的能力。

训练材料：涩、赛、岁、遂、馊、色、扫、腮、搜、碎、瑟、塞、思、四、私、撕、似、叟、艘、斯、丝等。

游戏 2：灵活举起手

训练方法：儿童在桌子前坐好，成人念训练材料，当听到"sh"音时，举起右手，当听到"s"音时，举起左手，回答又快又准加一分，率先获得20分则获得胜利。

训练促进点：速度可以循序渐进，集中儿童注意力，注意声母 s 和声母 sh 发音的口型差异，练习听辨能力。

训练材料：是、时、蛇、舍、社、舌、式、傻、水、生、甚、神、审、叔、少、撒、四、似、死、思、色、塞、仨、萨、岁、碎、瑟、搜等。

三、发音联想

（一）生活中的发音

小蛇在草丛中游走，发出"s-s-s-s"的声音。
子弹或者箭发出后的声音"sou-sou-sou-sou"。

（二）趣味发音游戏

游戏：我是一条蛇

训练方法： 让儿童用手臂比作一条蛇，并且发出"嘶嘶嘶"的声音。

游戏促进点： 在游戏中促进儿童对"s"发音的理解，提高儿童正确发"s"音的能力。

训练材料： 无。

四、发音练习

（一）单字练习

洒（1S-1543） 思（1S-1701） 死（1S-1704） 寺（1S-1706）
似（1S-1707） 扫（1S-1553） 搜（1S-1714） 三（1S-1547）
伞（1S-1548） 森（1S-1556）

（二）单字游戏

游戏1：寻宝小能手

训练方法： 成人准备糖果形状的字卡贴在每个小盒子上，每个盒子中放着小奖励。儿童大声、正确朗读字卡内容后即成功获得奖励，最后获得数量最多的儿童获胜。

训练促进点： 由单字出发，循序渐进地提升儿童发"s"音的能力。

训练材料： 碎、送、赛、撕、散、岁、扫、丝、思、撕、斯、色、私、腮、死、四等。

游戏2：赛跑冲冲冲

训练方法： 儿童与成人站在同一起跑线，由另一位成人念训练材料，当听到"s"音时，儿童向前走一步，需要在两秒内作答，答错或超时都要向后退一步，时间越短得到的奖励越多。

训练促进点：速度可以循序渐进，集中儿童注意力，提高辨别声母 s 的能力。

训练材料：涩、赛、岁、遂、厚、馊、绘、色、扫、腮、搜、碎、瑟、塞、思、四、私、撕、似、叟、艘、斯、丝等。

五、综合巩固

（一）词语练习

洒扫（1S-1543） 萨克斯（1S-1544） 色素（1S-1555）

瑟瑟（2S-657） 思索（1S-1701） 撕碎（1S-1703）

诉讼（1S-1718） 三岁（1S-1547） 搜索（1S-1714）

酸涩（1S-1724）

游戏：清洁小斗士

训练方法：成人用铅笔在白纸上写出以"s"为声母的词语，儿童大声正确朗读后，即可用橡皮擦将相应的词语擦除。词语全部擦除即为胜利。

训练促进点：训练正确发"s"音的能力，提升发音准确度。

训练材料：诉讼、思索、撕碎、酸涩、搜索、三岁等。

（二）短语练习

三岁的思思（1S-1701） 洒扫寺院（1S-1706）

紫色的色素（1S-1555） 快速地搜索（1S-1714）

撕碎的诉状（1S-1718）

游戏：躲避洒水车

训练方法：成人准备一辆玩具车以及短语卡片。短语卡片平铺在桌面上，成人操控洒水车在桌面上"行驶"，在即将"驶过"短语卡片时，儿童正确朗读短语即可撤回卡片，避免卡片被洒水车压过。最终玩具车没有碰到3个以上的短语卡片即为胜利。

训练促进点：在反复训练中提升儿童发"s"音的准确度。

训练材料：三岁的思思、洒扫庭院、紫色的色素、撕碎的诉状、快速地搜索等。

（三）短句练习

1. 洒水车在洒水。
2. 松鼠爬到树上采松果。
3. 我用撕碎的纸片做手工。
4. 自私的思思向妈妈索要新鞋子。
5. 嫂嫂买了三条五颜六色的丝巾。

游戏：采松果

训练方法：成人将句子成分分为若干部分，写在"松果"卡片上。成人可先让儿童熟悉句子，再引导儿童选择合适的"松果"进行造句。儿童正确朗读松果内容后即可摘下，最后组合成完整句子。

训练促进点：训练儿童发"s"音准确度的同时锻炼儿童记忆力以及遣词造句能力。

训练材料：洒水车在洒水；松鼠爬到树上采松果；我用撕碎的纸片做手工；自私的思思向妈妈索要新鞋子；嫂嫂买了三条五颜六色的丝巾。

（四）绕口令练习

三山撑四水，
四水绕三山，

三山四水春常在，
四水三山四时春。

游戏：开小船

训练方法：成人准备一只纸船和一盆水（也可用白纸模拟水面）。将小船置于水面，儿童正确朗读一句绕口令后，小船即可向前"行驶"4厘米，小船累计行驶距离最长的即为获胜。

训练促进点：在游戏中带领儿童熟悉绕口令，训练发"s"音。

训练材料：三山撑四水，四水绕三山，三山四水春常在，四水三山四时春。

第二十二节　零声母 y

一、发音原理

（一）发音部位及发音方法

1. 发音部位

"y"常出现在零声母音节中，放在声母的位置，涉及的发音部位是舌面，发音方法是唇形呈扁平状，舌头前伸使舌尖抵住下齿背，形成窄缝，声带振动，然后使口中的气流在舌面迅速流过，摩擦成声。

2．发音方法

正确发出"i"音是发"y"的关键。

可以采用下面的方法：嘴巴微微咧开，牙齿咬合，然后抬高舌面，接近上硬腭，声带振动，发出"i"音。

（二）发音游戏

游戏1：假笑男（女）孩

训练方法：由两个成人配合儿童游戏。指定一个成人为陌生人，两个成人轮流出现在儿童面前，儿童需在"陌生人"面前呈现出咧嘴假笑的表情，在另一人面前则无表情，循环进行。

训练促进点：这个训练可以使儿童熟悉零声母 y 的发音唇形，提高发音准确度。

训练材料：无。

游戏2：搭大桥

训练方法：准备糖果若干。成人手持糖果送入儿童口腔，引导儿童用舌尖抵住下齿背上部完成"搭桥"，吃到糖果。

训练促进点：这个训练能够规范儿童发"y"音的舌位。

训练材料：无。

二、听辨训练

能够分辨出"y"与其他声母发音的不同，是正确发出"y"音的前提，可采用下面的游戏练习分辨"y"的发音。

游戏1：我会分类

训练方法：准备写有含"y""n"音的词语卡片若干，成人引导儿童将卡片分类，儿童在拿到含"y"音的卡片时需大声朗读卡片内容再进行分类。成人根据儿童分类的准确度给予适当奖励。

训练促进点：这个训练可以使儿童通过实际读音的不同，区分"y"音和"n"音的发音区别。

训练材料：一年、云南、以内、印尼、遇难、酝酿、农业、能源、纽约、奶油、农药、诺言等。

游戏2：小特工出动

训练方法：准备写有含"y""w"音的词语卡片若干、篮子两个，成人随机抽取卡片背朝自己展示给儿童，如含"y"音儿童则嘴巴微咧，含"w"音儿童则将口型作圆唇状，成人根据儿童表现将卡片放到不同的篮子中，游戏结束后根据准确程度给予儿童适当奖励。

训练促进点：这个训练可以使儿童通过发音口型的不同区分"i"音和圆唇音"u"音的发音区别。

训练材料：语文、因为、夜晚、英文、意外、义务、玩意、瘟疫、外语、物业、乌鸦、委员等。

三、发音联想

（一）生活中的发音

向儿童提问："咦，你的玩具熊去哪里了？"用卡片教儿童读"阿姨""姨姨"。

（二）趣味发音游戏

游戏：我爱戏曲

训练方法：成人与儿童一起观看戏曲节目，成人有意识地跟唱并引导儿童模仿"咿咿呀呀"的尾韵。

训练促进点：使儿童在发"y"音时联想到该场景。

训练材料：咿咿呀呀。

四、发音练习

（一）单字练习

医（1Y-2148）衣（1Y-2147）疑（1Y-2156）药（1Y-2133）
鸭（1Y-2087）牙（1Y-2088）羊（1Y-2119）爷（1Y-2136）
夜（1Y-2141）月（1Y-2272）

（二）单字游戏

游戏1：说说是几月

训练方法：准备日历和不同节日卡片若干，成人随机抽取卡片并引导儿童翻阅日历，说出"××节在×月"，如儿童熟知相关知识可采用提问的方式，根据儿童完成情况给予适当奖励。

训练促进点：重复训练相关字的发音，能够提升儿童对正确发"y"音的能力，同时增加儿童的基本日常认知。

训练材料：月。

游戏 2：小羊吃树叶

训练方法： 准备树叶形剪纸若干，毡帽一个。成人和儿童确认树叶总数，轮流扮演小羊并分几次抓取随机数量树叶，树叶数量逢"1"即更换角色，此时逢"1"一方胜利，并说出"小羊吃了 × 片树叶"。

训练促进点： 重复训练多个含"y"音的单字的朗读，能够提升儿童的发音熟练度，并提高儿童的简单计算能力。

训练材料： 羊、叶。

五、综合巩固

（一）词语练习

$\overset{yīng}{英}\overset{yǔ}{语}$（1Y-2193）　$\overset{yǎn}{演}\overset{yuán}{员}$（1Y-2109）　$\overset{yá}{牙}\overset{yī}{医}$（1Y-2088）
$\overset{yàn}{艳}\overset{yáng}{阳}$（1Y-2120）　$\overset{yī}{医}\overset{yuàn}{院}$（1Y-2148）　$\overset{yīn}{阴}\overset{yǔ}{雨}$（1Y-2183）
$\overset{yīn}{音}\overset{yuè}{乐}$（1Y-2184）　$\overset{yín}{银}\overset{yuè}{月}$（1Y-2186）　$\overset{yǐng}{影}\overset{yuàn}{院}$（1Y-2201）
$\overset{yǒng}{泳}\overset{yī}{衣}$（1Y-2207）

游戏：种太阳

训练方法： 准备树形纸模一个，太阳贴纸若干，成人播放歌曲《种太阳》并引导儿童跟唱，儿童根据歌词中"阳"的出现次数适当在太阳树上粘贴果实，成人根据儿童完成情况给予适当奖励。

训练促进点： 反复练习相关词语，可以增强儿童发"y"音时的肌肉记忆。

训练材料： 歌曲《种太阳》。

（二）短语练习

$\overset{yōu}{优}\overset{yǎ}{雅}$的舞蹈（1Y-2092）　$\overset{yǒng}{踊}\overset{yuè}{跃}$的同学（1Y-2277）

yōu yì de chéng jì　　　　yào yǎn de guāng máng
优异的成绩（1Y-2211）耀眼的光芒（1Y-2135）
měi miào de yīn yuè
美妙的音乐（1Y-2184）

游戏：乌鸦喝水

训练方法：准备饮料一杯，玻璃球若干，短语卡片少许。成人将卡片反置于桌面，儿童说出口令"乌鸦要喝水"并翻取卡片，卡片错误则杯内玻璃球加一个，当儿童找到"聪明的乌鸦"卡片后大声读出内容，则游戏结束，儿童获得剩余饮料。

训练促进点：重复练习相关短语，可以使儿童掌握"y"的发音并熟练运用。

训练材料：乌鸦要喝水、聪明的乌鸦。

（三）短句练习

1. 爷爷在吃饭。
2. 阿姨戴帽子。
3. 蚂蚁在搬家。
4. 小燕子在飞。
5. 爸爸在钓鱼。

游戏：我是小牙医

训练方法：准备两种颜色的积木若干，一种作为正常牙齿颜色，一种作为蛀牙颜色。儿童需将不同颜色的"蛀牙"拆掉并换成正常颜色，在此过程中成人引导儿童完成对话："医生拔掉了几颗蛀牙？""医生拔掉了×颗蛀牙。"根据儿童完成数量给予适当奖励。

训练促进点：重复训练相关句式，可以使儿童接触连续含"y"音词语的句子，同时提高儿童动手能力。

训练材料：医生、一颗、蛀牙。

（四）绕口令练习

吕小绿家养了红鲤鱼绿鲤鱼和驴。

李小莉家养了红驴绿驴和鲤鱼。

吕小绿家的红鲤鱼绿鲤鱼和驴

要跟李小莉家的红驴绿驴和鲤鱼，

比一比谁更红谁更绿。

游戏：看谁钓得多

训练方法：准备钓鱼玩具一套。成人与儿童比赛钓鱼，说出"红鲤鱼与绿鲤鱼与驴"方可抛钩，一次钓鱼仅限一条，最终钓鱼数量多的一方获胜并获得奖励。

训练促进点：通过绕口令的重复练习，能够提升儿童发"y"音的准确度并清晰绕口令中单字的发音区别。

训练材料：吕小绿家养了红鲤鱼绿鲤鱼和驴。李小莉家养了红驴绿驴和鲤鱼。吕小绿家的红鲤鱼绿鲤鱼和驴要跟李小莉家的红驴绿驴和鲤鱼，比一比谁更红谁更绿。

第二十三节　零声母 w

一、发音原理

"w"常出现在零声母音节中，放在声母的位置。当它出现时，实际上发的是"u"这个音。

（一）发音部位及发音方法

1. 发音部位

"w"涉及的发音部位是舌面，发音方法是舌面后部隆起接近软腭，双唇收圆，留一小孔，向前略突，舌体后缩。发音时，软腭上升，堵塞鼻腔通路，声带振动发声。

2. 发音方法

成阻的正确处理是发"w"音的关键。

可以采用下面的方法：舌面后部隆起接近软腭，双唇收圆，注意要留出一小孔，并向前略突，堵塞鼻腔通路，舌体后缩，将气流从口腔送出，振动成声。

（二）发音游戏

游戏 1：舌头大力士

训练方法：成人准备压舌板（可用棉签代替）。成人将压舌板置于儿童舌头上，重心位于舌面后部，引导儿童用舌头顶起压舌板，多次训练。

训练促进点：帮助儿童寻找正确发音部位，并且锻炼舌肌力量。

训练材料：无。

游戏 2：守护彩笔

训练方法：成人准备彩笔（或用筷子、普通签字笔代替）。成人引导儿童噘嘴，将彩笔顶在嘴唇与鼻子之间。成人设定儿童出发的起点和终点，儿童走一个来回并保持彩笔不掉落即为成功。

训练方法：训练儿童的唇肌力量与平衡能力。

训练材料：无。

二、听辨训练

能够在音节中分辨出"w"，是正确发出"w"音的前提，可采用下面的游戏练习分辨"w"的发音。

游戏 1：小乌鸦回家

训练方法：成人准备小乌鸦卡片和写有"w""y"的房子卡片。成人清晰念出含"w"音与"y"音为声母的字词，当儿童听到相应声母时，将小乌鸦送回相对应的"家"。

训练促进点：训练儿童的辨识能力，从听辨出发帮助儿童更好地掌握"w"的发音。

训练材料：瓦、歪、晚、玩、玩耍、文物、威武、语言、意义、应用等。

游戏 2：小马过河

训练方法：成人准备玩具小马。成人清晰念出含"w"音与"y"的字词，当儿童听到含"w"音的字词时，小马前进一步，直至规定的"河对岸"。

训练促进点：训练儿童的辨识能力，为儿童正确地发"w"音做好铺垫。

训练材料：瓦、歪、晚、玩、玩意、文物、威武、语言、意义、应用等。

三、发音联想

（一）生活中的发音

小动物们怎么叫：儿童挑选蜜蜂、小狗、公鸡样式的发箍，分别模仿发出"嗡嗡""汪汪""喔喔"的叫声。

（二）趣味发音游戏

游戏：动物园开会

训练方法：成人准备多张动物卡片，如蜜蜂、小狗、公鸡等。成人展示蜜蜂卡片的同时说："动物园里在开会，轮到小蜜蜂发言。"成人引导儿童模拟蜜蜂声音："嗡嗡嗡，嗡嗡嗡。"其他动物以此类推。

训练促进点：让儿童从常见的动物叫声中熟悉"w"的发音。

训练材料：嗡嗡嗡、汪汪汪、喔喔喔等。

四、发音练习

（一）单字练习

瓦（1W-1849） 歪（1W-1850） 碗（1W-1860） 王（1W-1864）
尾（1W-1881） 蚊（1W-1898） 问（1W-1901） 握（1W-1907）
舞（1W-1918） 雾（1W-1923）

（二）单字游戏

游戏1：舞出精彩

训练方法：成人准备小熊玩偶。成人向儿童展示小熊玩偶，并说："我想和你跳舞，你愿意和我一起跳舞吗？"成人引导儿童回答："我们一起跳舞！舞舞舞！"接着，成人可操控小熊玩偶和儿童一起"舞蹈"。另外，成人还可以模拟小熊发出握手邀请："我想和你握手，你愿意和我握手吗？"成人引导儿童回答："我们一起握手，握握握！"熟练后也可由儿童发出跳舞、握手的"邀请"。

训练促进点：让儿童在友好的交际中逐步掌握"w"的发音。

训练材料："我想和你跳舞，你愿意和我一起跳舞吗""我们一起跳舞！舞舞舞""我想和你握手，你愿意和我握手吗""我们一起握手，握握握"。

游戏 2：握手大会

训练方法： 成人准备多个玩偶，如小熊玩偶、兔子玩偶等。成人引导儿童和自己及不同的玩偶握手，并说："我想和你握手，握握握！""我想和小熊握手，握握握！"以此类推。

训练促进点： 将训练融入日常交际，在重复中提升儿童正确发"w"音的发音能力。

训练材料： "我想和你握手，握握握""我想和小熊握手，握握握""我想和小兔握手，握握握"等。

五、综合巩固

（一）词语练习

wá wa　　　　　　　wài wéi　　　　　　wēi wǔ
娃娃（1W-1848）　外围（1W-1851）　威武（1W-1871）

wèi wèn　　　　　　wén wǔ　　　　　　wén wù
慰问（1W-1892）　文武（1W-1895）　文物（1W-1895）

wō wō tóu　　　　　wū wài　　　　　　wú wù
窝窝头（1W-1903）　屋外（1W-1910）　无误（1W-1911）

wù wàng wǒ
勿忘我（2W-789）

游戏：碗里有什么

训练方法： 成人准备一个大碗，在里面装入若干个物体卡片。成人问："碗里面装着哪些物品卡片呢？"成人引导儿童拿出碗内任一物品卡片并做相应回答："碗里面有娃娃。"成人继续提问，直至儿童将碗内物品全部拿出。

训练促进点： 加强儿童对"w"的分辨能力，并训练"w"的正确发音。

训练材料： 娃娃、窝窝头、文物、勿忘我等。

（二）短语练习

měi wèi de wán zi　　　　　wān wān de wěi ba
美味的丸子（1W-1854）　弯弯的尾巴（1W-1881）

顽皮的伟伟（1W-1879） 枯萎的乌头花（1W-1884）
温婉的舞蹈（1W-1918）

游戏：你来形容我来猜

训练方法：成人根据短语画出物品，可以配合语言形容。儿童根据提示说出物品，并用形容词形容它，组成短语。熟练后，成人和儿童可互换角色。

训练促进点：培养儿童的联想能力、绘画能力和描述能力，训练儿童正确发"w"音的能力。

训练材料：美味的丸子、弯弯的尾巴、温婉的舞蹈等。

（三）短句练习

1. 无尾狗朝狗窝汪汪叫。
2. 乌鸦在瓦片做的屋顶跳舞。
3. 五个娃娃在屋外玩挖宝藏的游戏。
4. 青蛙跳进洼地捉蚊子。
5. 大雾散去，午后的阳光十分温暖。

游戏：挖宝藏

训练方法：成人将短句写在纸条上，将纸条揉成纸团，埋进太空沙中（若没有太空沙也可直接摆放至桌面）。儿童从太空沙中把纸团找出来，正确、响亮地朗读后，即算挖宝成功。最后，儿童可凭借一定数量的纸条兑换相应小礼品。

训练促进点：用寻找宝藏的乐趣激发儿童完成短语学习，巩固"w"的发音，同时积累相关短语、短句。

训练材料：无尾狗朝狗窝汪汪叫；乌鸦在瓦片做的屋顶跳舞；五个娃娃在屋外玩挖宝藏的游戏；青蛙跳进洼地捉蚊子；大雾散去，午后的阳光十分温暖。

（四）绕口令练习

娃挖瓦，娃挖蛙，

娃挖瓦挖蛙，挖蛙挖出瓦。

娃挖蛙，娃挖瓦，

娃挖蛙挖瓦，挖瓦挖出蛙。

游戏：炸弹传递

训练方法：成人准备小球模拟"炸弹"，用手机计时1分钟。成人和儿童交替朗读一句绕口令，正确朗读后即可将"炸弹"传递给对方，规定时间内，手中没有"炸弹"即为胜利。

训练促进点：让儿童在趣味中进行绕口令训练。

训练材料：娃挖瓦，娃挖蛙，娃挖瓦挖蛙，挖蛙挖出瓦。娃挖蛙，娃挖瓦，娃挖蛙挖瓦，挖瓦挖出蛙。

第二章 音位对比法声母训练

第一板块 发音部位相同，发音方法不同

第一节 声母 b 和声母 p

一、发音动作训练

"b"和"p"的发音部位相同，都是上唇和下唇相接触，都是清、塞音，发音方法为发音部位形成闭塞，软腭上升，堵塞鼻腔的通路，气流冲破阻碍，爆破成声，声带均不振动。二者的语音区别性特征，则仅表现为送气与不送气，因此形成了一组最小对比对。

针对发音部位的区别性特征的游戏设计：

游戏1：纸巾飘飘

训练方法：成人与儿童面对面，成人将纸巾保持在两人中间。成人可先发"p"，让纸巾触碰儿童面部，引导儿童照做。而发"b"时，纸巾在成人、儿童间基本保持不动。熟练后可带入情境。如成人说："风来了！"儿童发"p"让纸巾飘动，成人说："风停了。"儿童发"b"保持纸巾基本不动。

训练促进点：让儿童清晰地分辨出"b""p"的发音区别，找到辨别窍门。

训练材料：b、p。

游戏2：口腔保卫战

训练方法：成人准备一个"怪兽"小玩偶。当玩偶逼近儿童时，成人引导儿童噘嘴发出"tu-tu-tu"的声音，代表攻击。成人说："怪兽要攻击啦！"儿童抿起嘴唇，代表防御。成功保护口腔不受"攻击"且"击败""怪兽"，

则胜利。

训练促进点：通过嘴唇的多种运动，锻炼唇肌的力量。

训练材料：无。

二、听辨训练

（一）以"b"或"p"为声母的单音节字的听辨练习

成人指着图片读"伯""婆"等以"b"或"p"为声母的单音节字，儿童分别进行跟读。

成人随机读出"伯""婆"等以"b"或"p"为声母的单音节字，儿童听后指出对应的图片。

游戏：拍拍手

训练方法：成人准备含声母 b 和声母 p 的单音节字卡片，当念到含"p"音的字时，儿童拍手。儿童能在正确时机拍手即胜利。

训练促进点：训练儿童对"b"和"p"发音的灵敏度。

训练材料：拍、跑、抱、白、不、扑等。

（二）以"b"或"p"为声母的双音节词的听辨练习

成人指着图片读"奔跑""排版"等以"b"或"p"为声母的双音节词语，儿童分别进行跟读，感受每一个词语前后两字送气的区别。准备两张嘴型出气的图片，重点突出一个送气多，一个送气相对少。例如成人说奔跑，让儿童对应地将表现气少的图片放在前面，表现气多的图片放在后面，根据是否送气来排列这两张图片。

游戏：采购小能手

训练方法：成人准备含有声母 b 和声母 p 的双音节词语卡片，念出内容后把卡片放在桌面，当儿童听到两个字声母相同时，如爸爸、宝贝、批评、品牌等，将卡片放进自己的"采购箱"（普通小纸箱即可）。直到儿童全部"采购"正确即为胜利。

训练促进点：模拟日常生活情境，在不知不觉中提升儿童对于"b"和"p"

发音的熟悉度。

训练材料：奔跑、编排、平板、排版等。

三、综合内容练习

（一）单字对比练习

八bā（1B-26） 爬pá（1P-1329） 鼻bí（1B-85） 披pī（1P-1364）
不bù（1B-138） 扑pū（1P-1397） 白bái（1B-36） 拍pāi（1P-1332）
抱bào（1B-66） 跑pǎo（1P-1346）

游戏：小熊模仿秀

训练方法：成人准备一个有四肢的布偶熊。当成人作拍手状时，儿童说："小熊拍拍。"并将小熊的双手对拍。成人作奔跑状时，儿童说："小熊跑跑。"并用手抓着小熊的腿作奔跑状。成人作拥抱状时，儿童说："小熊抱抱。"并将小熊抱到怀里。

训练促进点：在互动中训练儿童正确发"b""p"的音。用小熊模拟儿童的朋友，培养儿童与他人的相处能力和爱心。

训练材料：拍、跑、抱、白、不、扑等。

（二）词语对比练习

瀑pù布bù（2P-589） 奔bēn跑pǎo（1B-81） 标biāo牌pái（1B-109）
并bìng排pái（1B-119） 鞭biān炮pào（1B-102） 陪péi伴bàn（1P-1349）
皮pí包bāo（1P-1365） 旁páng边biān（1P-1342） 帮bāng派pài（1B-55）
比bǐ拼pīn（1B-86）

147

游戏：小小飞行家

训练方法：将词语标上序号1~6，准备飞行棋，儿童掷骰子得到数字，准确读出对应序号的词语即可走相应步数。按此进行至飞行棋全部到达终点。

训练促进点：在反复诵读中让儿童掌握"b""p"的发音。

训练材料：奔跑、标牌、瀑布、并排、鞭炮、陪伴等。

（三）短语对比练习

并排^{bìng pái bēn pǎo}奔跑（1B-81）　爆破^{bào pò qiáng bì}墙壁（1P-1395）

旁边的^{páng biān de biāo pái}标牌（1B-109）帮派的^{bāng pài de bǐ pīn}比拼（1B-86）

疲惫的^{pí bèi de bà ba}爸爸（1B-33）

游戏：炸弹传递

训练方法：成人设置30~100秒的时间，用一个小球模拟"炸弹"，儿童准确读出短语后便可将小球传递给成人，成人读出短语后再传递给儿童。时间到则"炸弹爆炸"，最终手上没有小球的人获胜。

训练促进点：训练儿童"b""p"的发音及说话的流利度。

训练材料：并排奔跑、爆破墙壁、旁边的标牌、疲惫的爸爸等。

（四）短句练习

1. 疲惫的爸爸依旧陪伴在我身旁。
2. 两个胖子不怕累，背着筐掰棒子。
3. 公路旁边的标牌表示禁止鸣笛。
4. 白白胖胖的儿童们正在奔跑。
5. 婆婆在给我剥葡萄皮儿。

游戏：扩句小能手

训练方法：成人出示词语若干，并引导儿童用所出示的词语造句。如成人出示"墙壁""表盘"词卡，儿童造句"墙壁上有表盘"并朗读。

训练促进点：锻炼儿童"b""p"的发音，并训练儿童造句能力。

训练材料：表盘、标牌、公路、旁边、白白胖胖、奔跑、葡萄、婆婆。

（五）绕口令练习

八百标兵奔北坡，炮兵并排北边跑。
炮兵怕把标兵碰，标兵怕碰炮兵炮。
八了百了标了兵了奔了北了坡，
炮了兵了并了排了北了边了跑。
炮了兵了怕了把了标了兵了碰，
标了兵了怕了碰了炮了兵了炮。

游戏：变奏指挥家

训练方法：游戏开始，儿童慢速读绕口令。成人双手平放，往上抬则儿童读绕口令的速度加快，往下放，则儿童读速变慢。成人的手可多往下放，让儿童一字一句地朗读绕口令，熟练后手也可适当往上抬，引导儿童更加快速地朗读。

训练促进点：让儿童循序渐进地掌握绕口令，增强双唇灵活度。

训练材料：八百标兵奔北坡，炮兵并排北边跑。炮兵怕把标兵碰，标兵怕碰炮兵炮。八了百了标了兵了奔了北了坡，炮了兵了并了排了北了边了跑。炮了兵了怕了把了标了兵了碰，标了兵了怕了碰了炮了兵了炮。

第二节　声母 d 和声母 t

一、发音动作训练

"d"和"t"的发音部位相同，都是舌尖中部和上齿龈相接触，都是清、塞音，发音方法为发音时，发音部位形成闭塞，软腭上升，堵塞鼻腔通路，气流冲破阻碍，爆破成声，声带均不振动。二者的语音区别性特征，仅表现为送气与不送气的差别，因此形成了一组最小对比对。

针对发音部位的区别性特征的游戏设计：

游戏 1：吹蜡烛

训练方法：准备一根点燃的蜡烛，放置在儿童面前。发"d"音时烛焰不动，发"t"音时烛焰因气流影响而晃动，注意观察蜡烛的变化。

训练促进点：将送气与不送气可视化，帮助儿童区分"d"和"t"的发音方法。

训练材料：无。

游戏 2：交朋友

训练方法：成人准备一个小玩偶。成人拿着小玩偶轻触儿童面颊，儿童用舌尖于口腔中同步触碰，以和"玩偶""交朋友"。

训练促进点：锻炼儿童舌肌的灵活度。

训练材料：无。

二、听辨训练

（一）以"d"或"t"为声母的单音节字的听辨练习

成人指着图片读"地""替"等以"d"或"t"为声母的单音节字，儿童分别进行跟读。

成人随机读出"地""替"等以"d"或"t"为声母的单音节字，儿童听后指出对应的图片。

游戏：大大小小

训练方法：成人随机读以"d"或"t"为声母的单音节字，儿童听到以"d"为声母的字时，将手臂张开呈拥抱状，儿童听到以"t"为声母的字时，将手臂并拢。儿童全部正确识别，成人可奖励儿童一个拥抱。

训练促进点：提升儿童对"d"和"t"发音的敏感度。

训练材料：大、他、低、替、德、特、等、疼等。

（二）以"d"或"t"开头的双音节词的听辨练习

成人指着图片读"点头""地图"等以"d"或"t"为声母的双音节词语，儿童分别进行跟读。

成人随机读出"点头""地图"等以"d"或"t"为声母的双音节词语，儿童听后指出对应的图片。

游戏：我念你猜

训练方法：成人指着图片读单音节字或双音节词语，儿童分别进行跟读。学习后，成人随机读出单音节字或双音节词语，儿童听后指出对应的图片。

训练促进点：提高儿童对"d"和"t"的听辨能力。

训练材料：点头、土豆、地图等。

三、综合内容练习

（一）单字对比练习

大（1D-303） 他（1T-1741） 地（1D-352） 替（1T-1791）
肚（1D-400） 吐（1T-1831） 戴（1D-310） 抬（1T-1749）
蛋（1D-320） 谈（1T-1757）

游戏：去做客

训练方法：成人带领儿童在特定场景中模仿汽车鸣笛声、敲门声、铃铛声。

儿童跟随在成人身后，成人做"车头"，作开车状，"行驶"中念儿歌："汽车鸣笛，嘀嘀嘀，嘀嘀嘀。""到达"目的地后，作敲房门状，成人带领儿童念儿歌："轻敲房门，咚咚咚，咚咚咚。"随后，成人轻摆手臂模拟一阵风吹过，儿童念儿歌："风吹铃铛，叮叮叮，叮叮叮。"成人模拟端上一杯热水，引导儿童念儿歌："热水不玩，烫烫烫，烫烫烫。"

训练促进点：区分"d"和"t"的正确发音；引导儿童熟悉日常交际场景，发现生活中的声音并让儿童获得一些生活安全知识。

训练材料：汽车相遇，嘀嘀嘀，嘀嘀嘀；风吹铃铛，叮叮叮，叮叮叮；轻敲房门，咚咚咚，咚咚咚；热水不玩，烫烫烫，烫烫烫。

（二）词语对比练习

点头（1D-359）　地图（1D-352）　铜鼎（1T-1814）
天地（1T-1792）　土豆（1D-1830）　团队（1T-1833）
停电（1T-1807）　答题（1D-301）　台灯（1T-1748）
灯塔（1D-338）

（三）短语对比练习

独特的团队（1T-1833）　灯塔的特点（1T-1780）
殿堂的大厅（1D-303）　倒塌的铁塔（1T-1801）
低头答题（1D-301）

游戏：捕鱼达人

训练方法：成人在小鱼道具中粘贴相关短语，成人引导儿童正确发音后，儿童将小鱼捞出。

训练促进点：在反复训练中，提升儿童"d"和"t"发音的准确度。

训练材料：独特的团队、殿堂的大厅、倒塌的铁塔、低头答题、灯塔的特点等。

（四）短句练习

1. 殿堂的大厅里，灯光闪烁。
2. 电梯通道里塞满了人。
3. 她低头认真答题的样子很美好。
4. 冬天的地铁温暖了每个路人。
5. 土豆炖汤有其自身独特的特点。

游戏：摘苹果

训练方法：成人准备一棵带有字的"苹果树"、若干个小筐。儿童准确读出树上苹果所代表的词语，即可摘下。用自己摘下来的苹果上的字造句（如"土豆"，我喜欢吃土豆）。儿童说出后可以把苹果放入自己的筐中，树上的苹果摘光后，摘得苹果多者为胜。

训练促进点：训练儿童准确发出带有"d"和"t"音的词语；使儿童能用两个以上的词语说一句完整的话。

训练材料：点头、地图、土豆、团队、停电、答题、台灯、灯塔等。

（五）绕口令练习

白石白又滑，

搬来白石搭白塔。

白石塔，白石搭，

白石搭白塔，白塔白石搭，

搭好白石塔，白塔白又滑。

游戏：绕口令达人

训练方法： 成人与儿童轮流念一句绕口令，念错字音则算失败，看谁念对的次数最多。

训练促进点： 训练儿童区分并正确发出"d"和"t"的音。

训练材料： 白石白又滑，搬来白石搭白塔。白石塔，白石搭，白石搭白塔，白塔白石搭，搭好白石塔，白塔白又滑。

第三节　声母 g 和声母 k

一、发音动作训练

"g"和"k"的发音部位相同，都是舌面后部和软腭相接触，都是清、塞音，发音方法为发音部位形成闭塞，软腭上升，堵塞鼻腔的通路，气流冲破阻碍，爆破成声，声带均不振动。二者的语音区别性特征，仅表现为送气与不送气的差别，因此形成了一组最小对比对。

针对发音部位的区别性特征的游戏设计：

游戏 1：感受震动

训练方法：家长引导儿童发"k"和"g"的音，同时把儿童的手放在儿童的喉咙部位，在发音时感受声带震动，引导正确发音。

训练促进点：通过游戏的方式，使儿童更清楚发音时声带的工作状态，促进儿童在发"k"和"g"音时进行唇齿力量的训练。

训练材料：无。

游戏 2：吹起花瓣

训练方法：准备一张纸巾撕成小块，放置于成人的手中，让儿童保持发"k"音时唇齿的位置，即在完全阻塞状态下突然放开，气流爆破冲出，让儿童观察纸巾受到气流冲击而飘动；在发"g"音的时候，引导儿童区分送气和不送气，要求儿童在发音时保持纸巾不动。

训练促进点：通过游戏，练习气息，训练"k"和"g"的发音。

训练材料：无。

二、听辨训练

（一）以"g"或"k"为声母的单音节字的听辨练习

成人指着图片读"哥""科"等以"g"或"k"为声母的单音节字，儿童分别进行跟读。

成人随机读出"哥""科"等以"g"或"k"为声母的单音节字，儿童听后指出对应的图片。

游戏：拯救之旅

训练方法：成人准备一根长绳子，把几个玩具隔开缠绕在一起，引导儿童若想"拯救"玩具，就要听成人的"指令"。只有听到含声母 g 的词语，才能"松绑"解救一个玩具，直到"拯救"完所有玩具。

训练促进点：提高儿童的注意力以及分辨拼音的能力，成人通过不同发音的混淆，以及语速的改变，促进儿童分清"g"和"k"两个舌面后音。

训练材料：刮、挂、故、盖、各、归、考、科、困、卡、开、课。

（二）以"g"或"k"为声母的双音节词的听辨练习

成人指着图片读"顾客""港口"等以"g"或"k"为声母的双音节词语，儿童分别进行跟读。

成人随机读出"顾客""港口"等以"g"或"k"为声母的双音节词语，儿童听后指出对应的图片。

游戏：赛跑冠军

训练方法：准备两个玩具熊，设置好起点和终点，成人和儿童各自控制一个玩具熊，一起听绕口令，听到含声母 g 的则儿童的玩具熊向前走一步，听到含声母 k 的则成人的玩具熊向前走一步，若走错了，则要倒退一步。谁先到达终点则获胜。

训练促进点：提高儿童的注意力以及分辨拼音的能力，成人语速的改变，以及游戏的趣味性，促进儿童分清"g"和"k"两个舌面后音。

训练材料：高考、挂科、管控、开关。

三、综合内容练习

（一）单字对比练习

鸽(gē)（1G-551）课(kè)（1K-976）骨(gǔ)（1G-593）苦(kǔ)（1K-987）
狗(gǒu)（1G-581）口(kǒu)（1K-983）高(gāo)（1G-544）烤(kǎo)（1K-964）
瓜(guā)（1G-598）夸(kuā)（1K-991）

游戏1：黄金矿工

训练方法：准备一些小盒子、杯子、碗之类的可以放东西的器具，摆成一定的形状，挑选几个器具在里面放一些小零食、小玩具，用纸片盖住，纸片的上面写着含有声母g和声母k的字，要求儿童准确大声地朗读出来才能打开"宝藏"。

训练促进点：从单字开始训练，系统地提高儿童对"g"和"k"的发音。提高儿童的注意力和兴趣，使他们能动地参与到训练中，提高训练的效率和效果。

训练材料：个、光、该、各、过、给、共、国、刚、狗、哥、沟、岗、高、广、滚、故、盖、观、怪、管、格、郭、更、敢、够、改、跟、干、瓜、贵、看、开、啃、扣、考、课、哭、快、凯、亏、宽、科、困、客、肯、可、靠、卡、开等。

游戏2：争做答题王

训练方法：准备以"g"和"k"为声母的单字字卡以及一些小奖励，成人和儿童一起参与游戏，当拿出一张卡片的时候，可以通过双手击掌抢答，谁先抢答出来积一分，率先到10分者胜利并获得小奖励。

训练促进点：从单字开始训练，系统地提高儿童对声母g和声母k的发音。提高儿童的注意力和兴趣，使他们能动地参与到训练中，提高训练的效率和效果。

训练材料：个、光、该、各、过、给、共、国、刚、狗、哥、沟、岗、高、广、滚、故、盖、观、怪、管、格、郭、更、敢、够、改、跟、干、瓜、贵、看、开、啃、扣、考、课、哭、快、凯、亏、宽、科、困、客、肯、可、靠、卡等。

（二）词语对比练习

gāo kǎo
高考（1G-544）孤苦（1G-588）开盖（1K-953）
干枯（1G-531）港口（1G-543）功课（1G-569）
观看（1G-604）开关（1K-953）考古（1K-963）
苦瓜（1K-987）

游戏："飞花令"

训练方法：准备一个计时器，成人与儿童一起参与游戏。第一轮，轮流说出含有声母g的词语，倒计时5秒钟，第二轮，轮流说出含有声母k的词语，谁回答得多便取得胜利，获得小奖励。

训练促进点：通过词语训练，系统地提高儿童对声母g和声母k的发音，提高儿童对词语的积累。让儿童在游戏中体会成就感，提高训练效果。

训练材料：挂科、管控、高考等。

（三）短语对比练习

谷歌的顾客（1G-597）坎坷的改革（1G-526）
可靠的哥哥（1G-549）客观的概括（1G-530）
宽广的故宫（1G-596）

游戏：打捞漂流瓶

训练方法：准备几张纸，上面写着含有声母 g 和声母 k 的词语，把纸条折好放进不同的瓶子里，要求儿童"打捞"水瓶，并打开纸条，用一个形容词来形容词语可以积 1 分，满 10 分即可获得小奖励。例如"广场"，儿童可以回答出"宽阔的广场"，即算回答正确。

训练促进点：通过短语训练，系统地提高儿童声母 g 和声母 k 的发音能力，提高儿童对词语的积累。让儿童在游戏中体会成就感，提高训练效果。

训练材料：宽阔的广场、严格的管控、紧张的高考等。

（四）短句练习

1. 广告客户的要求很苛刻。
2. 考古是一项艰巨的工作。
3. 哥哥有一辆很酷的卡车。
4. 姑姑送了我一张好看的卡通贺卡。
5. "更快、更高、更强"是一句著名的格言。

游戏：朗读者

训练方法：准备一些信封，每个信封中分别写上有带有含声母 g 和声母 k 词语的句子。让儿童扮演朗读者，声情并茂地朗读句子，如果读得准确，则能得到奖励。

训练促进点：通过短句训练，系统地提高儿童声母 g 和声母 k 的发音能力，提高儿童的注意力和兴趣，提高训练的效率和效果。

训练材料：广告客户的要求很苛刻；考古是一项艰巨的工作；哥哥有一辆很酷的卡车；姑姑送了我一张好看的卡通贺卡；"更快、更高、更强"是一句著名的格言。

（五）绕口令练习

哥挎瓜筐过宽沟，

赶快过沟看怪狗，

光看怪狗瓜筐扣，

瓜滚筐空哥怪狗。

游戏：哥哥背筐过河

训练方法：成人与儿童一起运用肢体语言与绕口令相结合。如读出"哥挎瓜筐过宽沟"时，成人和儿童做出背书包的模样；读出"赶快过沟看怪狗"成人和儿童双手交叉击掌；读出"光看怪狗瓜筐扣"时，成人与儿童各自鼓掌两次；读出"瓜滚筐空哥怪狗"时，儿童和成人转圈圈。

训练促进点：训练儿童"g"和"k"的发音，通过语速的变化配合手部动作，提高儿童的记忆能力，促进亲子关系。

训练材料：哥挎瓜筐过宽沟，赶快过沟看怪狗，光看怪狗瓜筐扣，瓜滚筐空哥怪狗。

第四节　声母 j 和声母 q

一、发音动作训练

"j"和"q"的发音部位相同，都是舌面前部和硬腭前部相接触，都是清、塞擦音，发音方法为发音部位先形成闭塞，软腭上升，堵塞鼻腔的通路，然后气流把阻塞部位冲开一条窄缝，摩擦成声，声带均不振动。二者的语音区别性特征，仅表现为送气与不送气的差别，因此形成了一组最小对比对。

针对发音部位的区别性特征的游戏设计：

游戏1：芝麻开门

训练方法：准备纸片、胶带。成人将纸片的两端粘至儿童嘴巴两侧（覆盖嘴唇），儿童尝试使用任意口型向外送气或不送气，观察"门"在什么情况下打开（即纸片离开嘴唇）。

训练促进点：使儿童清楚送气与不送气的区别，并熟悉发音送气的过程。

训练材料：无。

游戏2：龙舟竞渡

训练方法：准备两个纸船、一盆清水。成人将嘴唇靠近水上的纸船，演示在送气与不送气的状态下，小船移动的快慢。结束后让儿童尝试朝纸船发"j"音和"q"音进行验证。

训练促进点：让儿童比较直观地感受音节发音时是否送气，从而进行发音的校准。

训练材料：j、q。

二、听辨训练

（一）以"j"或"q"为声母的单音节字的听辨练习

成人指着图片读"鸡""球"等以"j"或"q"为声母的单音节字，儿童分别进行跟读。

成人随机读出"鸡""球"等以"j"或"q"为声母的单音节字，儿童听后指出对应的图片。

游戏：记忆大搜索

训练方法：准备以"j"或"q"为声母的单音节字卡与对应图片若干，成人首先使用字卡引导儿童跟读，儿童跟读完毕后立即找出读过单字的图片并按照"j"和"q"分组，成人根据儿童完成的数量和准确度给予适当奖励。

训练促进点：增强儿童对以"j"或"q"为声母的单音节字的发音印象，通过瞬时记忆的方式促进儿童从单音节发音向单字发音过渡。

训练材料：九、叫、及、家、金、鸡、去、七、前、全、且、请等。

（二）以"j"或"q"为声母的双音节词的听辨练习

成人指着图片读"加强""情节"等以"j"或"q"为声母的双音节词语，儿童分别进行跟读，感受每一个词语前后两字送气的区别。

准备两张嘴型出气的图片，重点突出一个送气多，一个送气相对少。例如成人说记者，让儿童对应地将表现气少的图片放在前面，表现气多的图片放在后面，根据是否送气来排列这两张图片。

游戏：我会排列

训练方法：准备以"j"或"q"声母的双音节词语词卡、图片若干，"大风""小风"标识牌两个。成人引导儿童跟读词卡内容，并将手中的图片按照是否送气排列到对应标识牌处。这个游戏可以同之前的送气区别练习匹配进行。

训练促进点：巩固儿童关于发音送气的记忆，同时使儿童熟练以"j"或"q"为声母的双音节词语的发音与分类。

训练材料：无。

三、综合内容练习

（一）单字对比练习

吉（1J-768） 季（1J-788） 坚（1J-810） 江（1J-832）
叫（1J-854） 七（1Q-1405） 漆（1Q-1411） 墙（1Q-1445）
茄（1Q-1454） 禽（（1Q-1461）

游戏：组词小能手

训练方法： 准备以"j"或"q"为声母的单音节字的卡片若干，成人引导儿童将含"j"音的单字和含"q"音的单字组合成词并大声朗读，儿童完成数量越多奖励越多。

训练促进点： 通过不同音节单字的自由组合，儿童熟悉声母 j 或声母 q 的发音。同时能进行区分，并明确词语中音节的前后顺序。

训练材料： 崛、加、技、金、季、机、起、强、巧、千、秋、器等。

（二）词语对比练习

加强（1J-795） 进取（1J-890） 近期（1J-889）
技巧（1J-785） 机器（1J-760） 期间（1Q-1409）
请假（1Q-1471） 情节（1Q-1468） 奇迹（1Q-1414）
前进（1Q-1409）

游戏：词语夺宝

训练方法： 准备写有以"j"或"q"为声母的双音节词语的纸条若干，成人将奖励箱放到规定位置，成人与儿童分别为"j"赛道和"q"赛道，朗读并利用相同种类的词条铺成"道路"，如词条中混入其他种类词语则需重新开始，先到达奖励箱的一方获胜。

训练促进点： 通过竞赛的方式提升儿童参与训练的积极性，同时促进儿童对以"j"和"q"为声母的词语的理解与区分。

训练材料： 加强、进取、近期、技巧、机器等。

（三）短语对比练习

积极jī jí **jìn** qǔ**进**取（1J-890）　继续jì xù **qián** jìn**前**进（1Q-1409）

请假qǐng jià **qī** jiān**期**间（1Q-1409）奇迹般的qí jì bān de **qíng** jié**情**节（1Q-1414）

精湛的jīng zhàn de **jì** qiǎo**技**巧（1J-785）

游戏：我会形容

训练方法： 准备写有含声母 j 和声母 q 的名词、形容词卡若干。成人朗读名词卡的内容并引导儿童找到相应发音的形容词卡朗读，最后让儿童说出哪部分是含"j"音的，哪部分是含"q"音的，根据儿童完成情况给予适当奖励。

训练促进点： 重复训练相关词语组合，能够提升儿童对含有声母 j 和声母 q 词语正确区别的掌握程度，同时增强儿童的应变能力。

训练材料： 积极进取、继续前进、请假期间等。

（四）短句练习

1. **勤**劳的**姐姐**正在用**泉**水洗衣服。
2. 小明用优惠**券**买了很多水果，如**橘**子、苹果、梨……
3. **家**里人都**期**待着小红录**取**通知书的到来。
4. 一**群**人非常生**气**，**将**要去找那小贩讨个说法。
5. 晴晴喜欢每一个美丽的**季节**。

游戏：千里眼、顺风耳

训练方法：准备双色彩笔各一支。成人大声、缓慢地逐句读出训练材料，儿童听到含"j"音和"q"音的字立即起立报数，朗读完毕后成人将材料交给儿童，儿童用双色笔画出含"j"音和"q"音的部分并向成人朗读。成人根据儿童完成准确度给予适当奖励。

训练促进点：重复读、听、写相关语句，能够增强儿童对所学内容的综合运用能力。

训练材料：小红在学校遵守纪律，努力学习，终于考上了重点高中。家里人都期待着小红录取通知书的到来，为了庆祝这件事，勤劳的姐姐用泉水洗着衣服，小明用优惠券买了很多水果，如橘子、苹果、梨……但是狡诈的小贩把不新鲜的果子卖给小明，在炎热的夏季它们很快腐烂了。一群人非常生气，将要去找那小贩讨个说法，因为他欺骗了七年级的小明。

（五）绕口令练习

七加一

七加一、七减一，加完减完等于几?

七加一、再减一，加完减完还是七。

稀奇

稀奇，稀奇，真稀奇，

蟋蟀踩死大母鸡，

气球碰坏大机器，

蚯蚓身长七丈七。

游戏：数字躲避球

训练方法：准备标有数字1~7的气球，成人为攻击方，儿童为防守方，成人将任意数字气球抛向儿童领地，儿童需用数字更大的气球对抗，如成人的数字是"7"，儿童需起立朗读绕口令"七加一,七减一,加完减完还是七"，并抛出两个数字之和等于7的气球与之抵消。成人根据儿童完成情况给予适当奖励。

训练促进点：重复训练相关词句，可以提升儿童连续发"j"音和"q"音的熟练程度，同时培养儿童的计算能力。

训练材料：七加一、七减一，加完减完等于几？七加一、再减一，加完减完还是七。稀奇，稀奇，真稀奇，蟋蟀踩死大母鸡，气球碰坏大机器，蚯蚓身长七丈七。

第五节　声母 zh 和声母 ch

一、发音动作训练

"zh"和"ch"的发音部位相同，都是舌尖后部与硬腭相接触，都是清、塞擦音，发音方法为发音部位先形成闭塞，软腭上升，堵塞鼻腔的通路，然后气流把阻塞部位冲开一条窄缝，摩擦成声，声带均不振动。二者的语音区别性特征，仅表现为送气与不送气的差别，因此形成了一组最小对比对。

针对发音部位的区别性特征的游戏设计：

游戏1：荡秋千

训练方法：成人在一张轻薄的纸上画出秋千和荡秋千的卡通人物。成人将纸片放在儿童嘴巴前，儿童轮流发"zh"音或"ch"音，观察哪个音可以让"秋千"荡起来。成人引导儿童通过送气强弱控制"秋千"起伏。

训练促进点：将送气与不送气可视化，帮助儿童区分声母 zh 和声母 ch。

训练材料：zh、ch。

游戏2：吹蜡烛

训练方法：成人准备一根蜡烛，引导儿童轮流发"zh"音或"ch"音，观察火苗变化。

训练促进点：将送气与不送气可视化，帮助儿童区分声母"zh"和声母"ch"。

训练材料：zh、ch。

二、听辨训练

（一）以"zh"或"ch"为声母的单音节字的听辨练习

成人指着图片读"找""吵"等以"zh"或"ch"开头的单音节字，儿童分别进行跟读。

成人随机读出"找""吵"等以"zh"或"ch"开头的单音节字，儿童听后指出对应的图片。

游戏：采摘能手

训练方法：成人准备多张含有声母 zh 和声母 ch 的卡片，引导儿童正确朗读卡片上的单音节字，儿童正确分辨后可"摘"下相应卡片，采摘数量越多获得奖励越多。

训练促进点：通过游戏帮助儿童提升区分声母 zh 和声母 ch 的能力。

训练材料：炸、折、摘、直、尺、粥、臭、茶、柴、车等。

（二）以 zh 或 ch 为声母的双音节词的听辨练习

成人指着图片读"争吵""初衷"等以"zh"或"ch"为声母的双音节词语，儿童分别进行跟读，感受每一个词语前后两字送气的区别。准备两张口型出气的图片，重点突出一个送气多，一个送气相对少，送气多少排列这两张图片。例如成人说争吵，让儿童对应地将表现送气少的图片放在前面，表现送气多的图片放在后面。

游戏：汉字排排坐

训练方法：成人准备两张口型出气的图片，重点突出一个送气多，一个送气相对少。成人引导儿童根据送气多少排列这两张图片。如成人说"主持"，让儿童对应地将表现送气少的图片放在前面，表现送气多的图片放在后面。

训练促进点：在反复训练中帮助儿童区分送气音与不送气音。

训练材料：战场、主持、忠诚、争吵、侦察、初衷等。

三、综合内容练习

（一）单字对比练习

炸^{zhà}（1Z-2323）茶^{chá}（1C-175）摘^{zhāi}（1Z-2324）柴^{chái}（1C-179）

折^{zhé}（1Z-2352）车^{chē}（1C-202）纸^{zhǐ}（1Z-2398）尺^{chǐ}（1C-230）

粥^{zhōu}（2Z-969）臭^{chòu}（1C-247）

游戏 1：采购小能手

训练方法：成人准备茶叶、八宝粥、尺子、纸张等道具（可为实物也可为图片）。成人给儿童列出"采购清单"，引导儿童说出"我想要……"来采购物品。如儿童说"我想要粥"，正确发音后成人将粥给儿童，即"采购"成功。

训练促进点：将训练融入日常生活情境，在不知不觉中提升儿童"zh"和"ch"的发音准确度。

训练材料：茶、粥、尺、纸、车等。

游戏 2：摘葡萄

训练方法：成人准备葡萄形状的字卡。儿童大声、正确读出字卡内容后即成功"摘"得葡萄，最后摘葡萄数量最多的儿童获胜。

训练促进点：由单字出发，循序渐进地提升儿童"zh"和"ch"的发音能力。

训练材料：茶、粥、尺、纸、车等。

（二）词语对比练习

住处^{zhù chù}（1Z-2438）征程^{zhēng chéng}（1Z-2368）长杖^{cháng zhàng}（1C-185）

争吵^{zhēng chǎo}（1Z-2367）侦查^{zhēn chá}（1Z-2358）初中^{chū zhōng}（1C-249）

忠诚（1Z-2410）　船只（1C-260）　沉重（1C-208）
橙汁（1C-223）

游戏：小船过河

训练方法：成人准备玩具小船和词卡若干，词卡排列于桌面，词卡两侧即为"河"的两岸。儿童正确朗读一个词卡小船前进一步，直至儿童朗读完所有词卡即过河成功。

训练促进点：反复练习，训练儿童"zh"和"ch"的发音。

训练材料：侦察、初中、长征、船只、沉重、橙汁等。

（三）短语对比练习

战场侦察（1Z-2358）　主持人的穿着（1C-258）
厂长的住处（1Z-2438）纯正的橙汁（1C-223）
找出船只（1C-260）

游戏：我爱折纸

训练方法：成人准备任一折纸教程（如纸船折纸教程）和白纸若干。儿童正确朗读一个短语，即可进行一个折纸步骤，折纸时间越短获得的奖励越多。

训练促进点：训练儿童眼手协调能力，提高儿童正确发"zh"音和"ch"音的能力。

训练材料：战场侦察、主持人的穿着、厂长的住处、纯正的橙汁等。

（四）短句练习

1. 小明喜欢纯正的橙汁。
2. 这一次争吵使大家心情沉重。

3. 我们敬佩在战场上忠诚的军人。

4. 主持人的穿着很正式。

5. 折纸课上，小朋友们用彩纸制作了船只。

游戏：缩句小能手

训练方法：成人展示短句，儿童朗读后对其进行缩句，直至句型最简。如"小明喜欢纯正的橙汁"缩句为"小明喜欢橙汁"。成人可在缩句过程中给予儿童适当的指导。

训练促进点：训练儿童对于汉语语法的掌握，提升儿童对声母 zh 和 ch 发音的掌握水平。

训练材料：小明喜欢纯正的橙汁；这一次争吵使大家心情沉重；我们敬佩在战场上忠诚的军人；主持人的穿着很正式；等等。

（五）绕口令练习

大车拉小车

大车拉小车，
小车拉小石头，
石头掉下来，
砸了小脚趾头。

游戏：运送糖果

训练方法：成人准备一辆玩具小车和一些小糖果。成人引导儿童正确朗读一句绕口令，小车即可向糖果"前进"一步，来回总共10步。

训练促进点：以"运送糖果"为驱动，帮助儿童完成绕口令训练，提升儿童的发音水平。

训练材料：大车拉小车，小车拉小石头，石头掉下来，砸了小脚趾头。

第六节　声母 z 和声母 c

一、发音动作训练

"z"和"c"的发音部位相同，都是舌尖和齿背相接触，都是清、塞擦音，发音方法为发音部位先形成闭塞，软腭上升，堵塞鼻腔的通路，然后气流把阻塞部位冲开一条窄缝，摩擦成声，声带均不振动。二者的语音区别性特征，仅表现为送气与不送气的差别，因此形成了一组最小对比对。

针对发音部位的区别性特征的游戏设计：

游戏 1：听令"吹气"小游戏

训练方法：将一张纸巾置于儿童嘴巴前面，发出口令"送气"时，引导儿童发"c"音；发出口令"不送气"时，引导儿童发"z"音。注意让儿童关注嘴前的纸巾变化，发"c"音的时候，纸巾会被气流吹动造成变化；发"z"音时，纸巾不会发生较大变化。

训练促进点：借助道具，帮助儿童了解送气音、不送气音的区别，提高发音能力。

训练材料：无。

游戏 2："守护"纸片

训练方法：将一张纸片置于儿童上下牙齿中间，引导儿童发"c"音和"z"音，让儿童咬住纸片，增强口肌力量，提高发音能力。

训练促进点：借助道具，帮助儿童提高咬肌能力，改善发音效果。

训练材料：无。

二、听辨训练

（一）以 z 或 c 为声母的单音节字的听辨练习

成人指着图片读"昨""错"等以"z"或"c"为声母的单音节字，儿童分别进行跟读。

成人随机读出"昨""错"等以"z"或"c"为声母的单音节字，儿童听后指出对应的图片。

游戏：抢答小能手

训练方法：儿童在桌子前坐好，成人念训练材料，当听到"z"时，举起右手，当听到"c"音时举起左手，回答又快又准加一分，率先获得20分则获得胜利。

训练促进点：速度可以循序渐进，使儿童集中注意力，练习声母 c 和声母 z 的听辨能力。

训练材料：此、刺、擦、测、侧、才、错、崔、裁、曾、岑、翠、在、再、咱、暂、脏、子、早、杂、枣、造、字、紫等。

（二）以 z 或 c 为声母的双音节词的听辨练习

成人指着图片读"杂草""紫菜"等以"z"或"c"为声母的双音节词语，儿童分别进行跟读。让儿童辨认成人发音时是否送气，并进行自我感受，在读词语时选择出送气和不送气的图片

成人随机读出"杂草""紫菜"等以"z"或"c"为声母的双音节词语，儿童听后指出对应的不同图片。

游戏：赛跑冲冲冲

训练方法：成人和儿童站在同一起跑线上，由另一位成人念训练材料，当听到"c"音时，儿童向前走一步，当听到"z"音时，成人向前走一步，需要在两秒内作答，打错或超过时间都要向后退一步，率先前进10步者获得胜利。

训练促进点：速度可以循序渐进；使儿童集中注意力；练习听辨能力。

训练材料：此、刺、擦、测、侧、才、错、崔、裁、曾、岑、翠、在、再、咱、暂、脏、子、早、杂、枣、造、字、紫等。

三、综合内容练习

（一）单字对比练习

猜（1C-143） 灾（1Z-2289） 蚕（1C-156） 赞（1Z-2297）
藏（1C-162） 脏（1Z-2298） 草（1C-166） 早（1Z-2302）
瓷（1C-275） 子（1Z-2470）

游戏1：抛圈小游戏。

训练方法：准备写有以"z"和"c"为声母的字词的若干纸片，放进空的矿泉水瓶中，引导儿童站在一定的距离，对着摆放好的瓶子抛圈，抛中则需要打开瓶子，并大声读出里面的字，正确则积一分，达到20分即获得奖励。

训练促进点：提高儿童注意力；调动儿童兴趣；进行语言训练。

训练材料：此、刺、擦、测、侧、才、错、崔、裁、曾、岑、翠、在、再、咱、暂、脏、子、早、杂、枣、造、字、紫等。

游戏2：挖宝小能手。

训练方法：准备以"z"和"c"为声母的词语的若干纸片，放在不同的盒子中，藏在不同的地方，引导儿童寻找盒子，并且打开盒子，大声读出里面的字，准确则积一分，达到20分即获得奖励。

训练促进点：提高儿童注意力；调动儿童兴趣；进行语言训练。

训练材料：此、刺、擦、测、侧、才、错、崔、裁、曾、岑、翠、在、再、咱、暂、脏、子、早、杂、枣、造、字、紫等。

（二）词语对比练习

杂(zá)草（1Z-2287）　再(zài)次（1Z-2293）　资(zī)财(cái)（1Z-2467）

紫(zǐ)菜(cài)（1Z-2471）　存(cún)在(zài)（1C-295）　左(zuǒ)侧(cè)（1Z-2496）

操(cāo)作(zuò)（1C-163）　草(cǎo)籽(zǐ)（1C-166）

游戏：拯救小伙伴

训练方法：准备以"z"和"c"为声母的较多纸片，摆成"z"形，把玩具熊放到后边，引导儿童从头开始大声读出卡片上的字，回答正确，则可以前进一步，走到最后拯救小熊则为获胜。

训练促进点：提高儿童注意力；调动儿童兴趣；进行语言训练。

训练材料：杂草、再次、资财、紫菜、存在、左侧、操作、草籽等。

（三）短语对比练习

播种草(bō zhòng cǎo)籽(zǐ)（1C-166）　再(zài)次(cì)夺(duó)冠(guàn)（1Z-2293）

杂(zá)草(cǎo)丛(cóng)生(shēng)（1Z-2287）　左(zuǒ)侧(cè)转(zhuǎn)弯(wān)（1Z-2496）

游戏：短语飞花令

训练方法：准备一个计时器，成人与儿童一起参与游戏，按顺序轮流说出含有声母z和声母c的词语，例如，成人先说出以"z"为声母的词语，儿童便要说出以"c"为声母的词语，倒计时5秒钟，谁回答得多便取得胜利。

训练促进点：提高儿童的注意力和兴趣，使他们能动地参与到训练中，提高训练的效率和效果。

训练材料：播种草籽、再次夺冠、杂草丛生、左侧转弯等。

（四）短句练习

1. 他非常擅长猜字谜。
2. 她自幼就才华横溢。
3. 他参加比赛总是赢得金牌。
4. 操场上有许多儿童。
5. 慈祥的老先生自言自语地念着一首宋词。

游戏：我是小小朗读者

训练方法：把带有含有声母z和声母c的短语的短句写在白纸上，装进不同的信封，引导儿童扮演"朗读者"朗读信的内容。要求有感情并且准确地朗诵句子。

训练促进点：在游戏中，提高儿童发音能力，提升游戏趣味性，提高训练效果。

训练材料：他非常擅长猜字谜；她自幼就才华横溢；他参加比赛总是赢得金牌；操场上有许多儿童；慈祥的老先生自言自语地念着一首宋词。

（五）儿歌练习

我帮妈妈擦桌子，妈妈夸我是好儿童，还给我脆脆的海苔做奖励，我开心极了，去找翠翠一起吃。

游戏：乖儿童

训练方法：成人与儿童一起将肢体语言与儿歌相结合，提高互动性。例如，我帮妈妈擦桌子（儿童和成人一起做出擦桌子的动作），妈妈夸我是好儿童（儿童和成人一起做出大拇指的手势），还给我脆脆的海苔做奖励（儿童和成人一起拍拍手），我开心极了，去找翠翠一起吃（儿童和成人手牵手）。

训练促进点：训练儿童掌握声母z和声母c的发音，提高儿童的记忆能力。

训练材料：我帮妈妈擦桌子，妈妈夸我是好儿童，还给我脆脆的海苔做奖励，我开心极了，去找翠翠一起吃。

第七节　声母 sh 和声母 r

一、发音动作训练

"sh"和"r"的发音部位相同，都是舌尖后部和硬腭前部相接触，都是擦音，发音方法为发音时主动发音器官接触或靠近被动发音器官，形成一条窄缝，气流从这个缝隙中挤出而摩擦成声。二者的语音区别性特征，仅表现为声带振动与不振动的差别，因此形成了一组最小对比对。

针对发音部位的区别性特征的游戏设计：

游戏 1：触摸辨音

训练方法：成人与儿童合作，一人随机发"sh""r"音，另一人蒙住眼睛、戴上耳机，将手放置在发音者的声带处，判断发音声母。发"sh"音时感觉不到声带振动，发"r"音时感觉到声带振动，注意触觉感受。

训练促进点：使儿童感知声带振动与不振动的区别。

训练材料：无。

游戏 2：涟漪朵朵

训练方法：准备清水一杯、镜子一面，成人将水杯贴近声带处发"sh"音和"r"音，让儿童观察水面变化。儿童观察完毕后将水杯贴近自己声带处发音，利用镜子观察水杯中水的变化。

训练促进点：使儿童直观地理解声带振动与不振动的区别。

训练材料：无。

二、听辨训练

（一）以 sh 或 r 为声母的单音节字的听辨练习

成人指着图片读"是""日"等以"sh"或"r"为声母的单音节字，儿童分别进行跟读。

成人随机读出"是""日"等以"sh"或"r"为声母的单音节字，儿童听后指出对应的图片。

游戏：我是机器人

训练方法：儿童扮演机器人，成人大声朗读含有"sh"或"r"音的单音节字，儿童听到"sh"音时向前走，听到"r"音时向后转，成人根据儿童完成情况给予适当奖励。

训练促进点：通过连续单字的朗读和对应动作，能够让儿童迅速完成对"sh"音和"r"音的辨别。

训练材料：是、说、上、时、谁、啥、人、让、如、日、若、任等。

（二）以 sh 或 r 为声母的双音节词的听辨练习

成人指着图片读"诗人""瘦弱"等以"sh"或"r"为声母的双音节词语，儿童分别进行跟读。

成人随机读出"诗人""瘦弱"等以"sh"或"r"为声母的双音节词语，儿童听后指出对应的图片。

游戏：精准夺宝

训练方法：在地上画一条直线作为中线，儿童立于中线处，成人以乱序朗读以"sh"或"r"为声母的双音节词语，儿童听到"sh"音则左跨一步，听到"r"音则右跨一步，如动作全部正确即可到达存放奖励处并获得奖励。

训练促进点：利用寻找奖励的游戏机制吸引儿童兴趣，提高儿童辨别声母 sh 和声母 r 的能力。

训练材料：诗人、生日、深入、入仕、收入、输入、人生、人数、认识、瑞士、燃烧、热水等。

三、综合内容练习

（一）单字对比练习

山（1Sh-1566） 燃（1R-1505） 蛇（1Sh-1586） 热（1R-1514）
绳（1Sh-1608） 扔（1R-1520） 狮（1Sh-1619） 日（1R-1522）
树（1Sh-1679） 入（1R-1535）

游戏：猜猜几棵树

训练方法：准备白纸一张、彩笔若干。成人在纸上画树，儿童根据成人动作猜测数量，成人画好后询问儿童："画入几棵树？"儿童需回答："画入×棵树。"如回答正确儿童即可获得适当奖励。

训练促进点：重复练习相关字，使儿童在了解声母 sh 和声母 r 发音区别的同时增强反应能力。

训练材料：入、树。

（二）词语对比练习

诗人（1Sh-1617） 生日（1Sh-1605） 瘦弱（1Sh-1660）
收入（1Sh-1651） 认识（1R-1518） 柔顺（1R-1529）
食肉（1Sh-1629） 热水（1R-1514） 如实（1R-1531）
瑞士（1R-1538）

游戏：生日我知道

训练方法：准备白纸三张，分别写上"爸爸""妈妈"和"儿童"，随机抽取一张，成人说出"他（她）的生日是……"让儿童猜测，儿童猜对后用相同方法询问成人。成人根据儿童完成情况给予适当奖励。

训练促进点： 重复练习相关词语，能够使儿童掌握声母 sh、声母 r 的发音，同时增进亲子关系。

训练材料： 生日。

（三）短语对比练习

深入的认识（1R-1518） 释然的人生（1R-1515）
输入生日（1R-1605） 衰弱的诗人（1Sh-1617）
商人的收入（1Sh-1651）

游戏：糖果兑换卡

训练方法： 准备糖果和含有声母 sh、声母 r 的短语卡片若干。成人引导儿童随机抽取卡片并大声读出卡片内容，成人可随机询问其中含声母 sh 或含声母 r 的字数，如儿童答对即可用卡片换取相应数量的糖果。

训练促进点： 询问短语中含声母 sh 或含声母 r 的字数有利于儿童提高反应速度，明确"sh"音和"r"音的区别。

训练材料： 深入的认识、释然的人生、输入生日、衰弱的诗人、商人的收入等。

（四）短句练习

1. 社会使人燃烧斗志。
2. 榕树下有一块湿润的土壤。
3. 即使是圣人也不能胜任这个任务。
4. 狮子是肉食动物，有的蛇也是。
5. 毛茸茸的草地又软又柔顺。

游戏：小小饲养员

训练方法： 准备动物卡片若干，成人引导儿童扮演动物饲养员，向成人介绍动物的习性，如"狮子食肉，有毛茸茸的鬃毛，爪子很尖锐，喜欢到河边喝水"等。成人根据儿童完成情况给予适当奖励。

训练促进点：重复练习相关词句，有助于提升儿童对"sh"音和"r"音的掌握程度。

训练材料：狮子、毛茸茸、尖锐、喝水等。

（五）绕口令练习

天上有个日头，地下有块石头，

嘴里有个舌头，手上有五个手指头。

不管是天上的热日头，地下的硬石头，

嘴里的软舌头，手上的手指头，

还是热日头，硬石头，

软舌头，手指头，

反正都是练舌头。

游戏：木头人

训练方法：成人引导儿童朗读含有声母sh、声母r的绕口令并匀速前进，当听到口令"停"时需站定不动，当听到口令"开始"时需依照停止前的进度继续朗读，如忘记进度则返回原点重新开始。儿童行进至终点即可获得奖励。

训练促进点：重复练习相关句子，提高儿童发"sh"音和"r"音的熟练度。

训练材料：天上有个日头，地下有块石头，嘴里有个舌头，手上有五个手指头。不管是天上的热日头，地下的硬石头，嘴里的软舌头，手上的手指头，还是热日头，硬石头，软舌头，手指头，反正都是练舌头。

第八节　声母 n 和声母 l

一、发音动作训练

"n"和"l"发音部位相同，都是舌尖和硬腭前部相接触，都是浊音，发音方法为发音时声带均振动。二者的语音区别性特征，则仅表现为气流的流出部位的差别，即发"n"音时，口腔中的发音部位完全闭塞，软腭下降，打开鼻腔通路，气流振动声带，从鼻腔通过发出声音。"l"为舌尖与上齿龈接触，但舌头的两边仍留有空隙，同时软腭上升，阻塞鼻腔的通路，气流振动声带，从舌头的两边或一边通过，因此形成了一组最小对比对。

针对发音部位的区别性特征的游戏设计：

游戏1：小火车历险记

训练方法：成人在白纸上画出火车运行路线，在其中画出"山洞"和"桥"。儿童以手指代替火车在"轨道"上行驶，当遇上"山洞"时，需要发出"n–n–n"的声音才可经过，当遇上"桥"时，需要发出"l–l–l"的声音才可经过。走完所有的路程即为胜利。

训练促进点：轮流反复训练"n"和"l"的发音，帮助儿童掌握它们的发音要领。

训练材料：无。

游戏2：果酱蘸蘸

训练方法：成人准备果酱，点涂在儿童嘴唇周围。成人引导儿童用舌头舔食果酱。将果酱全部舔食干净即为胜利。

训练促进点：训练儿童舌肌的灵活度。

训练材料：无。

二、听辨训练

（一）以"n"或"l"为声母的单音节字的听辨训练

成人指着图片读"娜""辣"等以"n"或"l"为声母的单音节字，儿童分别进行跟读。

成人随机读出"娜""辣"等以"n"或"l"为声母的单音节字，儿童听后指出对应的图片。

游戏：狼来了

训练方法：成人朗读"拉""狼""奶"等以"n"或"l"为声母的单音节字，当成人念"n"音的单字节字时，表示安全，当成人念"l"音的单音节字时，表示"狼"来了，儿童双手护在胸前"防御"。成功躲过"狼"的所有"袭击"即为获胜。

训练促进点：提升儿童对"n"和"l"的辨识度。

训练材料：拉、落、辣、乐、陆、轮、拿、怒、泥、你等。

（二）以"n"或"l"为声母的双音节词的听辨练习

成人指着图片读"奶酪""蓝鸟"等以"n"或"l"为声母的双音节词语，儿童分别进行跟读。

成人随机读出"奶酪""蓝鸟"等以"n"或"l"为声母的双音节词语，儿童听后指出对应的图片。

游戏：蓝鸟飞飞

训练方法：成人准备"小蓝鸟"图案的卡片或人偶。成人朗读"奶酪""蓝鸟"等以"n"或"l"为声母的双音节词，当成人念"n"音的双音节词时，儿童将"蓝鸟"往前摆，当成人念"l"音的双音节词时，儿童将"蓝鸟"往后摆。正确摆放蓝鸟位置即算获胜。

训练促进点：适当提升难度，锻炼儿童对"n"和"l"的辨识度，帮助儿童准确发音。

训练材料：奶酪、男篮、年龄、蓝鸟、理念、辽宁等。

三、综合内容练习

（一）单字对比练习

拉（1L-1010） 拿（1N-1277） 蓝（1L-1022） 男（1N-1287）
老（1L-1036） 脑（1N-1292） 梨（1L-1047） 泥（1N-1299）
柳（1L-1123） 牛（1N-1313）

游戏：保卫蓝天

训练方法：成人准备乌云形状的字卡，字卡上写有以"n"或"l"为声母的单字。成人出示字卡，儿童大声、正确地读出字卡上的字，即可击退乌云，保卫蓝天。

训练促进点：循序渐进，在反复训练中提升儿童正确发"n"音和"l"音的能力。

训练材料：拉、落、辣、乐、陆、轮、拿、怒、泥、你等。

（二）词语对比练习

奶酪（1N-1284） 男篮（1N-1287） 闹铃（1N-1293）
泥螺（1N-1299） 年龄（1N-1303） 蓝鸟（1L-1022）
烂泥（1L-1026） 老年（1L-1036） 理念（1L-1056）
辽宁（1L-1089）

游戏：谁动了我的奶酪

训练方法：成人准备奶酪形状的卡片，卡片写有以"n"和"l"为声母的词语。成人引导儿童大声读出卡片内容后,让儿童闭眼。成人拿走奶酪形状字卡若干,藏至身后或不远处。儿童睁眼,开始寻找,找到后正确朗读,即可拿回"奶酪"。

训练促进点：以"捉迷藏"的形式吸引儿童主动训练声母"n"和"l"的发音。

训练材料：奶酪、男篮、年龄、蓝鸟、理念、辽宁等。

(三) 短语对比练习

难控的浪花（1L-1032）　勤劳的宁宁（1L-1034）

旖旎的花蕾（1L-1040）　宁静的楼道（1N-1311）

温暖的礼物（1N-1323）

游戏：勤劳的蜜蜂

训练方法：成人准备花朵形状的卡片,卡片内容是含有声母 n 和声母 l 的短语。儿童大声、正确地读出卡片上的内容,"蜜蜂"即可去相应"花朵"上采蜜。采蜜越多获得奖励越多。

训练促进点：以"采蜜"为动力驱使儿童训练声母"n"和"l"的发音。

训练材料：洁白的浪花、勤劳的蜜蜂、温暖的阳光、待放的花蕾、宁静的村庄等。

(四) 短句练习

1. 老奶奶来我家做客。
2. 成人教大家用橡皮泥捏梨。
3. 辽宁男篮加油!
4. 你哪里弄来的八哥鸟?
5. 小明努力了两年终于成功了。

游戏：炸弹传递

训练方法：成人将纸揉皱成小球模拟炸弹。成人计时3分钟，儿童正确朗读一句短句后将纸团传递给另一位儿童或是成人，多次进行，最后纸团在谁手中谁失败。

训练促进点：适当提升难度，提升儿童发音准确度。

训练材料：老奶奶来我家做客；老师教大家用橡皮泥捏梨；辽宁男篮加油；小明努力了两年终于成功了；等等。

（五）绕口令练习

老龙恼怒闹老农，
老农怒恼闹老龙，
农怒龙恼农更怒，
龙恼农怒龙怕农。

游戏：变奏绕口令

训练方法：成人将手放得越低，儿童朗读绕口令的速度越慢，将手抬得越高，朗读速度越快，由此控制儿童的朗读速度。成人前期可将手保持在较低状态，熟练后可适当将手抬高以提升朗读速度。

训练促进点：在集中儿童注意力的情况下，引导儿童熟练朗读绕口令。

训练材料：老龙恼怒闹老农，老农怒恼闹老龙，农怒龙恼农更怒，龙恼农怒龙怕农。

第二板块　发音方法相同，发音部位不同

第一节　声母 h 和声母 x

一、发音动作训练

"h"和"x"的发音方法相同，都是清、擦音，即在发音时，发音部位相接触，形成窄缝，接着软腭上升，堵塞鼻腔通路，声带不振动，然后使口中的气流从窄缝中挤出，摩擦成声。二者的语音区别性特征，则仅表现为发音部位的差别："h"是舌面后音，由舌面后部与软腭阻塞气流形成；"x"是舌面前音，由舌面前部与硬颚前部阻塞气流形成，因此形成了一组最小对比对。

针对发音部位的区别性特征的游戏设计：

游戏 1：控制我的舌头

训练方法：成人用压舌板接触儿童上颚，儿童用舌面前部抵住压舌板，发"x"音，接着成人轻轻下压压舌板，同时儿童抬起舌面后部，抵住软腭，发"h"音。

训练促进点：通过压舌板指引帮助儿童找准发音部位，区分"x"和"h"。

训练材料：x、h。

游戏 2：时隐时现的雾

训练方法：成人准备镜子，儿童凑近镜子，发"h"音，镜子上形成水雾，接着发"x"音，吹散水雾。

训练促进点：通过游戏感受发音部位改变的过程，区分"x"和"h"。

训练材料：x、h。

二、听辨训练

（一）以"h"或"x"为声母的单音节字的听辨练习

成人指着图片读"湖""徐"等以"h"或"x"为声母的单音节字，儿童分别进行跟读。

成人随机读出"湖""徐"等以"h"或"x"为声母的单音节字，儿童听后指出对应的图片。

游戏：该怎么喝水

训练方法：成人准备吸管和玻璃杯，杯中装水或饮料，成人随机朗读以"h"或"x"为声母的单音节字，当听到含"h"音的字，儿童端起杯子喝水，当听到含"x"音的字，儿童用吸管喝水。

训练促进点：通过游戏帮助儿童提升区分"h"和"x"的能力。

训练材料：和、好、还、后、或、很、下、先、想、向、行、像等。

（二）以"h"或"x"为声母的双音节词的听辨练习

成人指着图片读"好像""核心"等以"h"或"x"为声母的双音节词语，儿童分别进行跟读。

成人随机读出"好像""核心"等"h"或"x"为声母的双音节词语，儿童听后指出对应的图片。

游戏：糖果混战

训练方法：成人随机朗读以"h"或"x"为声母的双音节词语，让儿童辨别分类，辨别正确即可获得糖果。

训练促进点：通过游戏帮助儿童提升区分"h"和"x"的能力。

训练材料：好像、化学、核心、互相、序号、喜欢、学会、小孩等。

三、综合内容练习

（一）单字对比练习

湖（1H-696） 徐（1X-2060） 混（1H-747） 训（1X-2081）
魂（1H-746） 寻（1X-2077） 欢（1H-716） 宣（1X-2068）
换（1H-722） 炫（2X-833）

游戏：我做小法官

训练方法：成人准备写有声母 h 和声母 x 的两块指示牌，儿童两只手分别拿一块指示牌，成人随机朗读训练材料中的字，儿童判断其声母，举起对应的指示牌并跟读。

训练促进点：在游戏中反复训练，提升儿童发"h"音和"x"音的准确度。

训练材料：和、好、还、后、或、很、湖、混、魂、欢、换、下、先、想、向、行、像、徐、训、寻、宣、炫等。

（二）词语对比练习

和谐（1H-657） 滑雪（1H-707） 呼吸（1H-691）
喜欢（1X-1945） 幻想（1H-720） 化学（1H-708）
害羞（1H-635） 小孩（1X-2004） 笑话（1X-2009）
喧哗（2X-831）

游戏：故事接龙

训练方法：成人准备词卡若干，儿童随机抽取并用该词卡造句，随后成人抽取后造句并且内容要与前面的句子内容具有相关性，所有成人与儿童共同编故事。

训练促进点：在反复练习中提升儿童发"h"音和"x"音的能力。

训练材料：和谐、滑雪、呼吸、喜欢、幻想、化学、害羞、小孩、笑话、喧哗等。

（三）短语对比练习

喜欢滑雪（1H-707）　　小孩的笑话（1X-2009）

西湖的小花（1X-2004）鲜活的海鲜（1H-634）

幻想的火星（1H-749）

游戏：我是小画家

训练方法：成人准备黑板和粉笔，朗读短语，儿童跟读并且绘制短语中的元素，共同绘制一幅天马行空的画。

训练促进点：在创意绘画中提升儿童发"h"音和"x"音的能力。

训练材料：喜欢滑雪、小孩的笑话、西湖的小花、鲜活的海鲜、幻想的火星等。

（四）短句练习

1. 小孩子总喜欢幻想奇怪的东西。
2. 西湖旁的鲜花开的很好看。
3. 你好像很喜欢滑雪。
4. 医院排队要按照序号，禁止喧哗。
5. 他们学会了和谐相处，互相包容。

游戏：逛灯会

训练方法：成人准备灯笼，将句子悬挂在灯笼下方，儿童准确读出句子即可获得灯笼。

训练促进点：提升儿童发"h"音和"x"音的能力。

训练材料：小孩子总喜欢幻想奇怪的东西；西湖旁的鲜花开的很好看；

你好像很喜欢滑雪；医院排队要按照序号，禁止喧哗；他们学会了和谐相处，互相包容。

（五）绕口令练习

互相学习

小红喜欢滑雪，

小黄喜欢化学。

小红教小黄学习滑雪。

小黄教小红学习化学，

二人互相学习，共同进步。

漆匠和锡匠

七巷一个漆匠，西巷一个锡匠，

七巷漆匠偷了西巷锡匠的锡，

西巷锡匠拿了七巷漆匠的漆，

七巷漆匠气西巷锡匠偷了漆，

西巷锡匠讥七巷漆匠拿了锡。

请问锡匠和漆匠，谁拿谁的锡？谁偷谁的漆？

游戏：左手右手

训练方法：儿童朗读绕口令。当读到绕口令中以"h"为声母的字时，儿童举左手；当读到绕口令中以"x"为声母的字时，儿童举右手。

训练促进点：通过与动作结合，提升儿童发"h"音和"x"音的能力。

训练材料：小红喜欢滑雪，小黄喜欢化学。小红教小黄学习滑雪。小黄教小红学习化学，二人互相学习，共同进步。七巷一个漆匠，西巷一个锡匠，七巷漆匠偷了西巷锡匠的锡，西巷锡匠拿了七巷漆匠的漆，七巷漆匠气西巷锡匠偷了漆，西巷锡匠讥七巷漆匠拿了锡。请问锡匠和漆匠，谁拿谁的锡？谁偷谁的漆？

第二节　声母 j 和声母 z

一、发音动作训练

"j"和"z"的发音方法相同，都是不送气、清、塞擦音，即在发音时，发音部位相抵住，形成闭塞，接着软腭上升，堵塞鼻腔通路，声带不振动，然后使口中微弱的气流把发音部位形成的阻碍冲开一条窄缝，并从中挤出，摩擦成声。二者的语音区别性特征，则仅表现为发音部位的差别："j"是舌面前音，由舌面前部与硬腭前部阻塞气流形成；"z"是舌尖前音，由舌尖与齿背阻塞气流形成，因此二者形成了一组最小对比对。

针对发音部位的区别性特征的游戏设计：

游戏 1：吃棒棒糖

训练方法：成人用棒棒糖涂抹儿童口腔的硬腭前部，使儿童用舌尖抵住被棒棒糖涂抹的部分形成阻碍，再轻轻送气冲破阻碍发出"j"音；成人再用棒棒糖涂抹儿童口腔的上齿背，使儿童用舌尖抵住被棒棒糖涂抹的部分形成阻碍，再轻轻送气冲破阻碍发出"z"音。

训练促进点：帮助儿童明确"j"和"z"的发音部位。

训练材料：无。

游戏 2：舔海苔

训练方法：成人将海苔蘸水贴在儿童唇周不同位置，引导儿童只运用舌部力量舔食海苔，进行多次训练。

训练促进点：锻炼儿童舌肌力量，提高发"j"音和"z"音的能力。

训练材料：无。

二、听辨训练

（一）以"j"或"z"为声母的单音节字的听辨练习

成人指着图片读"己""自"等以"j"或"z"为声母的单音节字，儿童分别进行跟读。

成人随机读出"己""自"等以"j"或"z"为声母的单音节字，儿童听后指出对应的图片。

游戏：采摘能手

训练方法：准备多张以"j"或"z"为声母的单字卡片，成人朗读单字，引导儿童分辨后"摘"下相应的卡片，正确采摘数量越多，获奖越多。

训练促进点：通过游戏帮助儿童提升区分"j"和"z"二音的能力。

训练材料：鸡、尖、街、菊、脚、饥、肌、基、绩、吉、籍、挤、脊、就、及、家、集、将、级、奖、字、赞、泽、卒、枣、杂、咱、攒、增、资、走、邹、在、总、紫、钻、自、则、再、怎、早、作等。

（二）以"j"或"z"为声母的双音节词的听辨练习

成人指着图片读"自己""作家"等以"j"或"z"为声母的双音节词语，儿童分别进行跟读。

成人随机读出"自己""作家"等以"j"或"z"为声母的双音节词语，儿童听后指出对应的图片。

游戏：词语大闯关

训练方法：准备以"j"或"z"为声母的双音节词的词卡，儿童朗读后将以"j"为声母的词卡放在左侧，将以"z"为声母的词卡放在右侧，根据区分结果予以相应奖励。

训练促进点：通过游戏引导儿童自主区分"j"和"z"二音。

训练材料：家族、节奏、君子、讲座、自己、增加、最近、总结等。

三、综合内容练习

（一）单字对比练习

季(jì)（1J-788）字(zì)（1Z-2472）菊(jú)（1J-925）足(zú)（1Z-2483）
举(jǔ)（1J-927）组(zǔ)（1Z-2486）君(jūn)（1J-947）尊(zūn)（1Z-2493）
倦(juàn)（1J-940）钻(zuàn)（1Z-2488）

游戏：走迷宫

训练方法：成人准备一个有两个出口的迷宫图案，其中一个出口标拼音"j"，另一个出口标拼音"z"，另外准备以"j"和"z"为声母的字卡若干，让儿童将字卡从正确的出口拿出。

训练促进点：提高儿童对"j"和"z"的区分水平，锻炼儿童分析能力和耐心。

训练材料：鸡、尖、街、菊、脚、饥、肌、基、绩、吉、籍、挤、脊、就、及、家、集、将、级、奖、字、赞、泽、卒、枣、杂、咱、攒、增、资、走、邹、在、总、紫、钻、自、则、再、怎、早、作等。

（二）词语对比练习

自(zì)己(jǐ)（1Z-2473）剧(jù)组(zǔ)（1J-934）增(zēng)加(jiā)（1Z-2318）
资(zī)金(jīn)（1Z-2467）君(jūn)子(zǐ)（1J-947）奸(jiān)贼(zéi)（2J-312）
最(zuì)近(jìn)（1Z-2287）句(jù)子(zi)（1J-929）记(jì)载(zǎi)（1J-782）
节(jié)奏(zòu)（1J-863）

游戏：小船过河

训练方法：成人准备玩具小船和以"j"或"z"为声母的双音节词的词卡若干，词卡排列于桌面，词卡两侧即为"河"的两岸。儿童正确朗读一个词卡小船即前进一步，直至儿童朗读完所有词卡即过河成功。

训练促进点：在反复练习中训练儿童的发"j"音和"z"音的能力。

训练材料：自己、作家、增加、资金、君子、奸贼、杂剧、句子、记载、节奏、最近、总结等。

（三）短语对比练习

作家的总结（1Z-2478）　记载的句子（1J-929）
增加资金（1Z-2467）　　家族的君子（1J-947）
自己的节奏（1J-863）

游戏：连连看

训练方法：成人将准备好的短语拆分成词卡，让儿童将可以组成短语的词卡连在一起，并且朗读出声。

训练促进点：既提高儿童对"j"和"z"的区分能力，又锻炼儿童的组词能力。

训练材料：作家的杂剧、记载的句子、增加资金、家族的君子、自己的节奏等。

（四）短句练习

1. 作家通过书写作品增加资金。
2. 每个人都有自己的生活节奏。
3. 君子和奸贼都是戏剧里的经典角色。
4. 菊花、大枣的营养价值很高。
5. 追寻英雄足迹，尊敬造就传承。

游戏：糖果大闯关

训练方法：成人准备一些含有声母j和声母z的字或词语的短句，让儿童寻找其中以"j"和"z"为声母的字，每找出一个并正确读出就得到一块糖果，最后全部找出就可以得到额外的奖励。

训练促进点：提高儿童发"j"音和"z"音的能力。

训练材料：**作家**通过书写**作**品**增**加**资金**；每个人都有**自己**的生活**节奏**；**君子**和**奸贼**都是戏**剧**里的**经典角**色；**菊**花、大**枣**的营养**价**值很高；追寻英雄**足迹**，**尊敬造就**传承。

（五）儿歌练习

自己做

今天的事情**自己做**，

不给妈妈添忧愁，

清晨起来**精**神抖，

先穿衣服后**系**扣，

穿袜**子**，穿鞋**子**，

叠好被**子**放枕头，

自己的事情**自己做**，

不用妈妈来伺候。

游戏：情景再现

训练方法：成人带着儿童有节奏地朗读儿歌，并且在有关于行为的词句出现时，引导儿童完成相应行为，如读到"清晨起来精神抖"时，成人要和儿童一起做伸懒腰的动作；读到"先穿衣服后系扣"时，要做出穿衣服和系扣子的动作；读到"穿袜子，穿鞋子，叠好被子放枕头"时，同样要做相应动作。当成人带着儿童完整读过一遍之后，让儿童尝试独立复述绕口令，成功后给予奖励。

训练促进点：提升儿童发"j"音和"z"音的能力，同时培养儿童的记忆力，并养成良好的生活习惯。

训练材料：今天的事情**自己做**，不给妈妈添忧愁，清晨起来**精**神抖，先穿衣服后**系**扣，穿袜**子**，穿鞋**子**，叠好被**子**放枕头，**自己**的事情**自己做**，不用妈妈来伺候。

第三节 声母b和声母d

一、发音动作训练

"b"和"d"的发音方法相同，都是不送气、清、塞音，即在发音时，发音部位闭合或抵住，形成闭塞，接着软腭上升，堵塞鼻腔通路，声带不振动，然后使口中微弱的气流冲破发音部位形成的阻碍，爆破成声。二者的语音区别性特征，则仅表现为发音部位的差别："b"是双唇音，由上唇与下唇阻塞气流形成；"d"是舌尖中音，由舌头和上齿龈阻塞气流形成，因此二者形成了一组最小对比对。

针对发音部位的区别性特征的游戏设计：

游戏1：运送纸巾

训练方法：准备干净的纸巾，让儿童用双唇抿住夹着纸巾，从自己手中传送到成人手中，反复训练几次后再引导儿童发出"b"音。

训练促进点：锻炼儿童唇部力量，熟悉唇部发力，帮助儿童区分"b"和"d"。

训练材料：无。

游戏2：舌头伸展操

训练方法：准备一根棉签，让儿童伸出舌头，先把棉签放在儿童舌尖上方，引导儿童舌尖向上卷，舌尖用力固定住棉签，保持5秒；再放在舌尖下方，引导儿童舌尖向下伸，舌根用力夹住棉签，保持5秒，反复训练。

训练促进点：锻炼儿童舌肌力量，帮助儿童正确发出"b"音和"d"音。

训练材料：无。

二、听辨训练

（一）以"b"或"d"为声母的单音节字的听辨练习

成人指着图片读"爸""大"等以"b"或"d"为声母的单音节字，儿童分别进行跟读。

成人随机读出"爸""大"等以"b"或"d"为声母的单音节字，儿童听后指出对应的图片。

游戏：采摘能手

训练方法：成人准备多张含有声母 b 和 d 的单字卡片，朗读以"b"和"d"为声母的单音节字，引导儿童分辨后"摘"下相应卡片，正确采摘数量越多，获奖越多。

训练促进点：通过游戏帮助儿童提升区分"b"和"d"的能力。

训练材料：八、爸、摆、白、被、背、杯、宝、包、暴、帮、棒、悲、班、半、笔、部、大、答、对、队、道、刀、党、单、丹、笛、的、地、堆、兑、得、德、达、奋、姐等。

（二）以"b"或"d"开头的双音节词的听辨练习

成人指着图片读"拨打""部队"等以"b"或"d"声母的双音节词语，儿童分别进行跟读。

成人随机读出"拨打""部队"等以"b"或"d"声母的双音节词语，儿童听后指出对应的图片。

游戏：词语大闯关

训练方法：成人准备含有"b"和"d"的词语卡，让儿童朗读出声，将带有声母 b 的词语卡放在左侧，把带有声母 d 的词语卡放在右侧，根据区分结果给予相应奖励。

训练促进点：通过游戏引导儿童自主区分"b"和"d"。

训练材料：拨打、宝岛、板凳、北斗、大巴、待办、赌博、代表等。

三、综合内容练习

（一）单字对比练习

爸^{bà}（1B-33） 打^{dǎ}（1D-302） 布^{bù}（1B-139） 肚^{dù}（1D-400）
笔^{bǐ}（1B-88） 弟^{dì}（1D-353） 包^{bāo}（1B-59） 刀^{dāo}（1D-326）
冰^{bīng}（1B-114） 钉^{dīng}（1D-377）

游戏：走迷宫

训练方法：成人准备一个有两个出口的迷宫图案，其中一个出口标拼音"b"，另一个标拼音"d"，另外准备带有以"b"和"d"为声母的字卡若干，让儿童将字卡从正确的出口拿出。

训练促进点：加强儿童对声母 b 和声母 d 的区分，锻炼儿童分析能力和耐心。

训练材料：八、爸、摆、白、被、背、杯、宝、包、暴、帮、棒、悲、班、半、笔、部、大、答、对、队、道、刀、党、单、丹、笛、的、地、堆、兑、得、德、达、奔、姐等。

（二）词语对比练习

宝岛^{bǎo dǎo}（1B-61） 大巴^{dà bā}（1D-303） 拨打^{bō dǎ}（1B-121）
部队^{bù duì}（1B-141） 北斗^{běi dǒu}（1B-74） 板凳^{bǎn dèng}（1B-47）
病毒^{bìng dú}（1B-120） 地板^{dì bǎn}（1D-352） 赌博^{dǔ bó}（1D-398）
待办^{dài bàn}（1D-307）

游戏：小船过河

训练方法：成人准备玩具小船和含有"b"和"d"为声母词卡若干，词卡排列于桌面，词卡两侧即为"河"的两岸。儿童正确朗读一个词卡小船即前进一步，直至儿童朗读完所有词卡即过河成功。

训练促进点：在反复练习中训练儿童"b"和"d"的发音。

训练材料：不断、表达、弊端、对比、代表、独白、对比、绷带、波动、拨打、病毒、冰冻、冰点、百搭等。

（三）短语对比练习

<ruby>八<rt>bā</rt></ruby><ruby>点<rt>diǎn</rt></ruby><ruby>的<rt>de</rt></ruby><ruby>报<rt>bào</rt></ruby><ruby>道<rt>dào</rt></ruby>（1B-65）<ruby>豆<rt>dòu</rt></ruby><ruby>瓣<rt>bàn</rt></ruby><ruby>的<rt>de</rt></ruby><ruby>榜<rt>bǎng</rt></ruby><ruby>单<rt>dān</rt></ruby>（2B-22）

<ruby>盗<rt>dào</rt></ruby><ruby>版<rt>bǎn</rt></ruby><ruby>的<rt>de</rt></ruby><ruby>弊<rt>bì</rt></ruby><ruby>端<rt>duān</rt></ruby>（2B-43）<ruby>打<rt>dǎ</rt></ruby><ruby>包<rt>bāo</rt></ruby><ruby>便<rt>biàn</rt></ruby><ruby>当<rt>dāng</rt></ruby>（1B-104）

<ruby>躲<rt>duǒ</rt></ruby><ruby>避<rt>bì</rt></ruby><ruby>逮<rt>dǎi</rt></ruby><ruby>捕<rt>bǔ</rt></ruby>（1D-309）

游戏：连连看

训练方法：成人将准备好的短语拆分成词卡，让儿童将可以组成短语的词卡连在一起，并且朗读出声。

训练促进点：既提高儿童对"b"和"d"两音的区分能力，又锻炼儿童的组词能力。

训练材料：八点的报道、豆瓣的榜单、盗版的弊端、打包便当、躲避逮捕、大大的冰棒等。

（四）短句练习

1. 导师指出了他表达的短板。
2. 当地的道路因为冰雹封闭。
3. 蛋白质是人体必需的营养素。
4. 享受着低保政策的儿童立志报答国家。

5.受疫情影响股市波动很大，许多公司因此倒闭。

游戏：糖果闯关

训练方法：成人准备一些含有声母 b 和声母 d 的词语的短句，让儿童寻找其中带有声母 b 和声母 d 的字，每找出一个就得到一块糖果，最后全部找出就可以得到额外的奖励。

训练促进点：提高儿童对"b"和"d"的区别能力。

训练材料：导师指出了他表达的短板；当地的道路因为冰雹封闭；蛋白质是人体必需的营养素；享受着低保政策的儿童立志报答国家；受疫情影响股市波动很大，许多公司因此倒闭。

（五）绕口令练习

扁担长，板凳宽，
板凳没有扁担长，
扁担没有板凳宽，
扁担要扁担绑在板凳上，
板凳不让扁担绑在板凳上。
扁担偏要扁担绑在板凳上。

游戏：小猴子上树

训练方法：成人准备一个小猴子玩偶和"一棵树"（可以用立式衣架），在树形道具顶端放上糖果。引导儿童说绕口令，每顺利说一句就将小猴子向上移动一段距离，最后引导儿童自己复述绕口令内容，顺利说完后猴子爬上顶端，摘到糖果。

训练促进点：既加强了儿童对"b"和"d"的区分，又锻炼了儿童记忆力。

训练材料：扁担长，板凳宽，板凳没有扁担长，扁担没有板凳宽，扁担要扁担绑在板凳上，板凳不让扁担绑在板凳上。扁担偏要扁担绑在板凳上。

第四节　声母 m 和声母 n

一、发音动作训练

"m"和"n"发音方法相同，都是浊音、鼻音，即发音时，发音部位闭合或相抵住，形成闭塞，接着软腭下降，打开鼻腔通路，振动声带，并从鼻腔流出形成鼻音。二者的语音区别性特征，仅表现在发音部位的差别："m"是双唇音，由上唇和下唇闭合阻塞气流而形成；"n"是舌尖中音，发音时舌尖中部抵住硬腭，阻碍气流形成，因此二者形成了一组最小对比对。

针对发音部位的区别性特征的游戏设计：

游戏：果酱蘸蘸

训练方法：成人准备棉签和果酱，涂抹在儿童的上齿龈，诱导儿童正确发出"n"音；成人发出"m"音，让儿童抚摸自己的双唇，来感受发音部位，再尝试自己发音。

训练促进点：将双唇音和舌尖中音的差别可视化，帮助儿童区分声母 m 和声母 n。

训练材料：无。

二、听辨训练

（一）以"m"或"n"为声母的单音节字的听辨练习

成人指着图片读"妈""拿"等以"m"或"n"为声母的单音节字，儿童分别进行跟读。

成人随机读出"妈""拿"等以"m"或"n"为声母的单音节字，儿童听后指出对应的图片。

游戏：听音做动作

训练方法：成人随机发出"目"或"怒"的音节，儿童听到音节应做出与文字相应的动作，例如发怒的姿势和表情等。

训练促进点：通过游戏帮助儿童提升区分"m"和"n"的能力。

训练材料：妈、拿、木、怒、米、逆等。

（二）以"m"或"n"为声母的双音节词的听辨练习

成人指着图片读"母女""模拟"等以"m"或"n"为声母的双音节词语，儿童分别进行跟读。

成人随机读出"母女""模拟"等以"m"或"n"为声母的双音节词语，儿童听后指出对应的图片。

游戏：过家家

训练方法：成人在发出"母"等以"m"作为声母的音节时，儿童站起来扮演妈妈；成人发出"女"等以"n"作为声母的音节时，儿童蹲下扮演女儿。

训练促进点：训练儿童对"m"和"n"的听辨能力和反应能力。

训练材料：母女、模拟、明年、内幕、柠檬、糯米等。

三、综合内容练习

（一）单字对比练习

mā（1M-1168）ná（2N-531）mù（1M-1270）nù（1N-1321）
妈　　　　　　拿　　　　　　木　　　　　　怒

mǐ（1M-1225）nì（2N-538）mǎi（1M-1178）nǎi（1N-1284）
米　　　　　　腻　　　　　　买　　　　　　奶

miǎo（1M-1238）niǎo（1N-1307）
秒　　　　　　　鸟

清晰 发音全靠它——声母发音训练

游戏1：采购能手

训练方法： 成人准备以"m"和"n"为声母的字卡，儿童能够正确发出字卡的音节即为采购成功。

训练促进点： 从单字出发，循序渐进地提升儿童正确发"m"音和"n"音的能力。

训练材料： 木、米、买、秒、美、孟、明、面、们、蒙、每、妈、毛、磨、氓、沫、卖、马、萌、免、楣、怒、腻、奶、鸟、男、能、闹、呐、纳、泥、宁、耐、念、哪、乃、娜、南、脑、妮、腻、弄、浓、酿、诺等。

游戏2：爬楼梯

训练方法： 成人准备字卡，儿童正确朗读字卡内容则可以上一级台阶，最先走到台阶顶端的人获胜。

训练促进点： 从单字出发，提升儿童"m"和"n"的发音能力。

训练材料： 木、米、买、秒、美、孟、明、面、们、蒙、每、妈、毛、磨、氓、沫、卖、马、萌、免、楣、怒、腻、奶、鸟、男、能、闹、呐、纳、泥、宁、耐、念、哪、乃、娜、南、脑、妮、腻、弄、浓、酿、诺等。

（二）词语对比练习

迷你（1M-1223） 母女（1M-1265） 模拟（1M-1249）

毛呢（1M-1193） 明年（1M-1245） 木讷（1M-1270）

纳米（1N-1280） 内幕（1N-1295） 柠檬（2N-546）

糯米（2N-553）

游戏：小猴吃桃

训练方法： 成人准备小猴玩偶、桃子玩偶和词卡，儿童能够正确朗读词卡则小猴可以吃到一个桃子，直到小猴全部吃完桃子可以获胜。

训练促进点：在游戏中训练儿童的正确发音，熟练掌握"m"音和"n"音。

训练材料：模拟、迷你、柠檬、糯米、纳米、内幕、母女、木讷等。

（三）短语对比练习

nán měi de mǎ nǎo
南美的玛瑙（1M-1171）

nóng mín de mǎi mai
农民的买卖（1M-1178）

nì míng de màn mà
匿名的漫骂（1M-1187）

nóng mì de méi máo
浓密的眉毛（1M-1205）

nián mài de nǎi nai
年迈的奶奶（1N-1284）

游戏：小马过河

训练方法：成人准备短语卡片和小马玩偶，儿童大声、正确朗读一个短语则小马可以向前移动一步，直到完全过河。

训练促进点：训练儿童"m"和"n"的发音能力。

训练材料：年迈的奶奶、匿名的漫骂、浓密的眉毛、南美的玛瑙等。

（四）短句练习

1. 空气中弥漫着柠檬的香气。
2. 她们母女两个在城南做买卖。
3. 奶奶今天戴了一顶毛呢的帽子。
4. 码农们面对高强度的工作早已麻木。
5. 艺术家们历经磨难终于探索出了莫奈的秘密。

游戏：故事接龙

训练方法：成人展示短句，儿童正确朗读短句的同时以这个短句为基础讲一个小故事。

训练促进点：促进儿童正确发音的同时，挖掘儿童的想象能力。

训练材料：空气中弥漫着柠檬的香气；她们母女两个在城南做买卖；奶

奶今天戴了一顶毛呢的帽子；码农们面对高强度的工作早已麻木；艺术家们历经磨难终于探索出了莫奈的秘密。

（五）绕口令练习

东边庙里一只猫，

西边树梢一只鸟。

猫儿鸟儿天天闹，

叽叽喳喳没完了。

不知是猫闹树上的鸟，

还是鸟闹庙里的猫。

游戏：跳皮筋

训练方法：成人准备皮筋，引导儿童正确说出绕口令，同时按照绕口令歌谣的节奏跳皮筋。

训练促进点：训练儿童的运动能力和正确发音能力。

训练材料：东边庙里一只猫，西边树梢一只鸟。猫儿鸟儿天天闹，叽叽喳喳没完了。不知是猫闹树上的鸟，还是鸟闹庙里的猫。

第五节　声母t和声母k

一、发音动作训练

"t"和"k"发音方法相同，都是送气、清、塞音，即发音时，发音部位相抵住，形成闭塞，接着软腭上升，堵塞鼻腔通路，声带不振动，然后使口中微弱的气流冲破发音部位形成的阻碍，爆破成声。二者的语音区别性特征，仅表现为发音部位的差别："t"是舌尖中音，发音时舌尖中部抵住硬腭，阻碍气流形成；"k"是舌面后音，由舌面后部抵住软腭阻碍气流形成，又俗称"舌根音"，因此二者形成了一组最小对比对。

针对发音部位的区别性特征的游戏设计：

游戏1：长白胡

训练方法：准备一张薄薄的较长的纸巾，贴在儿童的人中处，模拟长了白胡子，引导儿童发出"t"和"k"，观察胡子被吹起的高度变化。

训练促进点：通过纸巾指引帮助儿童找准发音部位，区分"t"和"k"。

训练材料：无。

游戏2：舌头跷跷板

训练方法：引导儿童轮流发出"t"音或"k"音，将"t"和"k"发音时舌尖的上下活动想象为跷跷板上下移动。

训练促进点：通过舌头指引帮助儿童找准发音部位，区分"t"和"k"。

训练材料：无。

二、听辨训练

（一）以"t"或"k"为声母的单音节字的听辨练习

成人指着图片读"塔""卡"等以"t"或"k"为声母的单音节字，儿童分别进行跟读。

成人随机读出"塔""卡"等以"t"或"k"为声母的单音节字，儿童听后指出对应的图片。

游戏：摘星星

训练方法：准备写有以"t"或者"k"为声母的单音节字的卡片，粘贴在黑板上，儿童每读出一个音节，就可摘下对应的星星。

训练促进点：通过游戏提升儿童辨别"t"和"k"的能力。

训练材料：他、太、图、天、贴、听、看、可、开、卡、快、靠等。

（二）以"t"或"k"为声母的双音节词的听辨练习

成人指着图片读"太空""坦克"等以"t"或"k"为声母的双音节词语，儿童分别进行跟读。

成人随机读出"太空""坦克"等以"t"或"k"为声母的双音节词语，儿童听后指出对应的图片。

游戏：套圈圈

训练方法：准备一些小奖励，每个小奖励对应以"t"或"k"为声母的双音节词语，儿童扔圈出去，套中物品后，读出相对应的双音节词语即可获得奖励。

训练促进点：通过游戏提升儿童辨别"t"和"k"的能力。

训练材料：痛苦、天空、坦克、条款、头盔、听课、开头、课题、开拓、课堂、卡通、空调等。

三、综合内容练习

(一)单字对比练习

塔(1T-1745) 卡(1K-952) 土(1T-1830) 苦(1K-987)
叹(1T-1760) 看(1K-959) 头(1T-1821) 口(1K-983)
痛(1T-1819) 空(1K-979)

游戏：串手链

训练方法：将以"t"或"k"为声母的单字写在黑板上，随机指任一单字让儿童读出，每正确读出一个，就可获得一个串珠。

训练促进点：通过游戏引发儿童兴趣，加强发音能力。

训练材料：塔、卡、土、苦等。

(二)词语对比练习

瞳孔(2T-743) 勘探(2K-379) 坦克(1T-1759)
头盔(1T-1821) 卡通(1K-952) 课堂(1K-976)
开庭(1K-953) 楷体(2K-378) 看台(1K-959)
快艇(1K-994)

游戏：去春游

训练方法：在黑板上布置设计出一个春游场景，在每个地点处标出以"t"或"k"为声母的词语，引导儿童正确读出每个地点所对应的拼音，完成春游。

训练促进点：通过游戏引发儿童兴趣，加强发音能力。

训练材料：太空、坦克、停靠等。

（三）短语对比练习

哭哭(kū kū)啼啼(tí tí)（1T-1786） 看图(kàn tú)填(tián)空(kòng)（1T-1796）

探讨(tàn tǎo)考题(kǎo tí)（1K-963） 客厅的(kè tīng de)空(kōng)调(tiáo)（1K-979）

条条(tiáo tiáo)框框(kuàng kuàng)（2K-404）

游戏：警察抓小偷

训练方法：成人扮演警察，在黑板上写下含有声母t或声母k的短语，随机指任一短语让儿童读出，如果读错了，就会成为"小偷"，被成人抓住。

训练促进点：通过游戏引发儿童兴趣，加强发音能力。

训练材料：哭哭啼啼、看图填空、探讨考题等。

（四）短句练习

1. 他以头痛为借口逃课。
2. 开通业务前客户需要仔细阅读条款。
3. 她们是好朋友，所以买了同款头盔。
4. 他刻苦学习是为了实现探索太空的梦想。
5. 小李做事认真，同事们都夸她是个可靠的人。

游戏：开火车

训练方法：将一些含有声母"t"和"k"字词的句子连接起来，作为火车铁轨，将"t"音和"k"音字或词语所在之处挖空，并将其写在卡片上，引导儿童根据句子情景判断应填入的字词并读出，让火车可以顺利通行。

训练促进点：通过游戏引发儿童兴趣，加强发音能力。

训练材料：他以头痛为借口逃课；开通业务前客户需要仔细阅读条款；她们是好朋友，所以买了同款头盔；他刻苦学习是为了实现探索太空的梦想；小李做事认真，同事们都夸她是个可靠的人。

（五）其他

几十年前地质学家在这里勘探出了铁矿和铜矿，一块块金属解决了中国的贫困问题，几十年后这里成了宇宙飞船的建造和发射基地，一艘艘飞船承载着中国人的梦想飞向太空。

游戏：一起向前冲

训练方法：成人背对儿童，念出一段短文，每当短文念到以"t"或"k"为声母的字或词语时，就转身看向儿童，如果儿童正确读出对应的字词，就可以前进一大步，如果没有正确读出，则不能前进。

训练促进点：通过游戏引发儿童兴趣，加强发音能力。

训练材料：几十年前地质学家在这里勘探出了铁矿和铜矿，一块块金属解决了中国的贫困问题，几十年后这里成了宇宙飞船的建造和发射基地，一艘艘飞船承载着中国人的梦想飞向太空。

第六节　声母 b 和声母 g

一、发音动作训练

"b"和"g"的发音方法相同，都是送气、清、塞音，即发音时，发音部位相闭合，形成闭塞，接着软腭上升，堵塞鼻腔通路，声带不振动，然后使口中微弱的气流冲破上唇和下唇、舌面后与软腭形成的阻碍，爆破成声。二者的语音区别性特征，仅表现为发音部位的差别："b"为双唇音，由上唇和下唇闭合阻塞气流形成；"g"为舌面后音，发音时由舌面后部抵住软腭阻碍气流形成，因此二者形成了一组最小对比对。

针对发音部位的区别性特征的游戏设计：

游戏：布谷鸟

训练方法：当成人将手放在双唇上时，儿童对应发出"布"的音；当成人将手从双唇上拿开，儿童对应发出"谷"的音。连续正确发音则获胜。

训练促进点：让儿童感受发"b"和"g"音时双唇触碰的不同。

训练材料：布、谷等。

二、听辨训练

（一）以"b"或"g"为声母的单音节字的听辨练习

成人指着图片读"伯""鸽"等以"b"或"g"为声母的单音节字，儿童分别进行跟读。

成人随机读出"伯""鸽"等以"b"或"g"为声母的单音节字，儿童听后指出对应的图片。

游戏：吃饼干

训练方法：成人准备多个含有声母 b 和声母 g 的单音节字，引导儿童分辨单音节字的声母是 b 还是 g，分辨成功后可获得一个饼干。

训练促进点：通过游戏帮助儿童提升区分声母 b 和声母 g 的能力。

训练材料：伯、歌、补、古、白、盖等。

（二）以 b 或 g 为声母的双音节词的听辨练习

成人指着图片读"冰糕""国宝"等以"b"或"g"为声母的双音节词语，儿童分别进行跟读。

成人随机读出"冰糕""国宝"等以"b"或"g"为声母的双音节词语，儿童听后指出对应的图片。

游戏：捉迷藏

训练方法：成人在发出"抱""杯""布"等音节时，儿童要跟读并用手掌覆盖住嘴唇。成人发出"高""给""谷"等音节时，儿童只跟读。

训练促进点：从单字出发，让儿童感受声母 b 和 g 发音时双唇的运动。

训练材料：冰柜、宾馆、办公、报告、饼干、根本、干部、锅巴、关闭、改变等。

三、综合内容练习

（一）单字对比练习

补（1B-136） 古（1G-590） 白（1B-36） 盖（1G-528）
班（1B-42） 甘（1G-523） 豹（1B-67） 高（1G-544）
杯（1B-71） 给（1G-561）

游戏 1：黄金矿工

训练方法：成人准备金块形状的字卡，儿童正确朗读字卡内容则抓到金块，获得最多金块的儿童获胜。

训练促进点：从单字出发，循序渐进地提升儿童对声母 b 和 g 的发音能力。

训练材料：布、谷、抱、高、杯、给等。

游戏 2：饼干警长

训练方法：成人准备字母饼干、字卡，儿童正确朗读字卡内容则可以获得对应的字母饼干。

训练促进点：设置对儿童有吸引力的奖励，提升儿童对声母 b 和 g 的发音能力。

训练材料：布、谷、抱、高、杯、给等。

（二）词语对比练习

bīng guì
冰柜（1B-114）　　bīn guǎn
宾馆（1B-112）　　bàn gōng
办公（1B-49）

bào gào
报告（1B-65）　　bǐng gān
饼干（1B-118）　　gēn běn
根本（1G-562）

gǎi biàn
改变（1G-526）　　guān bì
关闭（1G-603）　　guō bā
锅巴（1G-627）

gàn bù
干部（1G-531）

游戏：宝宝哥哥历险记

训练方法：成人准备玩偶代表"宝宝""哥哥"，若干含"b"音和"g"音的词卡，儿童正确发出"b"音则宝宝前进，正确发出"g"音则哥哥前进，看谁能先到达终点。

训练促进点：在反复练习中训练儿童对声母 b 和 g 的发音。

训练材料：冰柜、宾馆、办公、报告、根本、改变、关闭等。

（三）短语对比练习

哥哥的饼干（1B-118） 隔壁的伯伯（1B-127）
钢笔的广告（1G-614） 贵宾的保镖（1B-63）
不管不顾（1B-138）

游戏：盖房子

训练方法：成人准备积木若干，儿童正确、大声朗读一个短语则可以搭建一块积木，盖房子最高的儿童获胜。

训练促进点：训练儿童对声母 g 和声母 b 的发音能力，提高儿童的创造能力。

训练材料：哥哥的饼干、隔壁的伯伯、钢笔的广告、贵宾的保镖、不管不顾等。

（四）短句练习

1. 当我们见到小明时，他正高兴地奔向爸爸。
2. 小狗笨笨没有注意到脚下的骨头，正到处寻找。
3. 刚刚从病中康复的老师第一时间来到学校帮学生补习。
4. 他使出全力拉弓，然而并没有成功。
5. 顽皮的彬彬在水果店中横冲直撞，摔破了一个西瓜。

游戏：侦察兵

训练方法：成人展示短句，儿童朗读短句，另一成人负责检查儿童的发音是否正确，完成后儿童与成人互换，儿童检查成人朗读。

训练促进点：通过朗读和检查，训练儿童的听辨和发音能力。

训练材料：当我们见到小明时，他正高兴地奔向爸爸；小狗笨笨没有注意到脚下的骨头，正到处寻找；刚刚从病中康复的老师第一时间来到学校帮学生补习等。

（五）绕口令练习

屋里一个破烂鼓，

扯点破布就来补。

也不知破布补烂鼓，

还是破鼓补破布。

只见鼓补布，布补鼓。

布补鼓，鼓补布。

补来补去，布不成布，鼓不成鼓。

游戏：跳房子

训练方法： 成人在地面上画出单双格子，儿童正确说出一句绕口令，即可向前跳一步，跳到房子尽头即为成功。

训练促进点： 以跳房子为驱动，帮助儿童完成绕口令训练，提升声母 b 和声母 g 的发音能力。

训练材料： 屋里一个破烂鼓，扯点破布就来补。也不知破布补烂鼓，还是破鼓补破布。只见鼓补布，布补鼓。布补鼓，鼓补布。补来补去，布不成布，鼓不成鼓。

第七节　声母 j 和声母 zh

一、发音动作训练

"j"和"zh"的发音方法相同，都是不送气、清、塞擦音，即在发音时，发音部位相接触，形成闭塞，接着软腭上升，堵塞鼻腔通路，声带不振动，然后使口中微弱的气流把发音部位形成的阻碍冲开一道窄缝，并从中挤出，摩擦成声。二者的语音区别性特征，则仅表现在发音部位的差别："j"是舌面前音，发音由舌面前部抵住硬腭前部，阻碍气流形成；"zh"是舌尖后音，由舌尖抵住硬腭前部阻碍气流形成，因此二者形成了一组最小对比对。

针对发音部位的区别性特征的游戏设计：

游戏：果酱蘸蘸

训练方法：成人将果酱涂抹在儿童的硬腭前部，当成人发出"j"音时，儿童用舌面前部接触硬腭上的果酱，当成人发出"zh"音时，儿童用舌尖接触硬腭上的果酱。

训练促进点：让儿童感受到声母 j 和声母 zh 发音部位的不同。

训练材料：无。

二、听辨训练

（一）以 j 或 zh 为声母的单音节字的听辨练习

成人指着图片读"鸡""纸"等以"j"或"zh"为声母的单音节字，儿童分别进行跟读。

成人随机读出"鸡""纸"等以"j"或"zh"为声母的单音节字，儿童听后指出对应的图片。

游戏：萝卜蹲

训练方法：成人发出"鸡""静""江"等以"j"为声母的单音节字时，儿童蹲下；成人发出"纸""智""张"等以"zh"为声母的单音节字时，儿童站起，一直分辨正确即为获胜。

训练促进点：通过游戏帮助儿童提升区分声母 j 和声母 zh 的能力。

训练材料：鸡、静、纸、智、张、吉、季、坚、江、炸、丈、镇等。

（二）以 j 或 zh 为声母的双音节字的听辨练习

成人指着图片读"记者""指甲"以"j"或"zh"为声母的双音节词语，儿童分别进行跟读。

成人随机读出"记者""指甲"以"j"或"zh"为声母的双音节词语，儿童听后指出对应的图片。

游戏：木头人

训练方法：成人发出"记者"等首字是以"j"为声母的双音节词语时，儿童可以向前走步；成人发出"指甲"等首字是以"zh"为声母的双音节词语时，儿童立正不能再前进，做错动作的人出局，最后留下的人获胜。

训练促进点：在听辨训练中让儿童感受声母 j 和声母 zh 发音时的不同。

训练材料：记者、价值、机制、极致、直接、指甲、之间、至今等。

三、综合内容练习

（一）单字对比练习

卷（1J–939） 转（1Z–2451） 鸡（1J–762） 枝（1Z–2382）

军（1J–946） 准（1Z–2460） 挤（1J–779） 纸（1Z–2398）

句（1J–929） 住（1Z–2438）

游戏1：打地鼠

训练方法：成人准备地鼠形状的字卡，儿童正确朗读字卡内容则打中"地鼠"，打中的"地鼠"越多儿童获得的奖励越多。

训练促进点：从单字出发，循序渐进地提升儿童对"j"和"zh"的发音能力。

训练材料：及、职、技、智、家、扎等。

游戏2：织布机

训练方法：成人准备蜡笔、字卡、白纸，儿童正确朗读字卡内容则可以画一笔颜色，画出色彩最长的人获胜。

训练促进点：提升儿童对"j"和"zh"的发音能力。

训练材料：及、职、技、智、家、扎等。

（二）词语对比练习

机制（1J-760）　机智（1J-2407）　制剂（1Z-2403）
知己（1Z-2383）　家长（1J-798）　价值（1J-803）
脚趾（1J-852）　着急（1Z-2463）　专家（1Z-2448）
珠江（1Z-2428）

游戏：小公鸡啄米

训练方法：成人准备小鸡玩偶和含有声母j和声母zh的词卡，儿童能够正确朗读词卡则小公鸡可以吃到米，直到小公鸡全部吃完米粒可以获胜。

训练促进点：在反复练习中训练儿童对"j"和"zh"的发音。

训练材料：机智、家长、价值、专家、珠江等。

（三）短语对比练习

竞争的机(jī)制(zhì)（1J-760） 正直的局(jú)长(zhǎng)（1J-924）
机(jī)智(zhì)的记(jì)者(zhě)（1J-782） 集(jí)中(zhōng)的建(jiàn)筑(zhù)（1J-823）
精(jīng)致(zhì)的戒(jiè)指(zhǐ)（1J-874）

游戏：画小兔

训练方法：成人准备画纸和含有声母 j 和声母 zh 的短语卡片，儿童大声、正确朗读一个短语则可以画一笔小兔，画出完整的小兔即为获胜。

训练促进点：训练儿童发"j"音和"zh"音，提高儿童创造能力。

训练材料：竞争的机制、正直的局长、机智的记者、集中的建筑、精致的戒指等。

（四）短句练习

1. 姐姐正在指导章章如何洗衣服。
2. 小明种植了许多种类的水果，如橘子、苹果、梨……
3. 家里人都期待着小红录取通知书的到来。
4. 一群人正在争论如何更快地将货物送达河对岸。
5. 晴晴喜欢用照相机记录下每一个美丽的季节。

游戏：扩写游戏

训练方法：成人展示短句，儿童正确朗读短句的同时以这个短句为开头扩写一个小故事。

训练促进点：促进儿童正确发音的同时，挖掘儿童的想象能力。

训练材料：姐姐正在指导章章如何洗衣服；小明种植了许多种类的水果，如橘子、苹果、梨；家里人都期待着小红录取通知书的到来；一群人正在争论如何更快地将货物送达河对岸等。

（五）绕口令练习

谁更尖

帐篷尖尖，钟表针尖，
帐篷尖尖似钟表针尖，
钟表针尖尖似帐篷尖尖。
有人说帐篷尖比钟表针尖尖，
有人说钟表针尖比帐篷尖尖。
不知到底是帐篷尖尖比钟表针尖尖，
还是钟表针尖比帐篷尖尖。

造纸

造纸张，用纸浆，
纸浆造纸出纸张。
草纸浆，木纸浆，
造出纸张有短长。
长纸张，用纸浆，
短纸张，用纸浆，
张张纸张用纸浆。

游戏：字卡

训练方法：成人准备一个本子儿童正确说出绕口令歌谣即可撕掉一张纸。

训练促进点：训练儿童的运动能力和正确的发音能力。

训练材料：帐篷尖尖，钟表针尖，帐篷尖尖似钟表针尖，钟表针尖尖似帐篷尖尖。有人说帐篷尖比钟表针尖尖，有人说钟表针尖比帐篷尖尖。不知到底是帐篷尖尖比钟表针尖尖，还是钟表针尖比帐篷尖尖。

造纸张，用纸浆，纸浆造纸出纸张。草纸浆，木纸浆，造出纸张有短长。长纸张，用纸浆，短纸张，用纸浆，张张纸张用纸浆。

第八节　声母 f 和声母 x

一、发音动作训练

"f"和"x"的发音方法相同，都是清、擦音，即在发音时，发音部位相接触，形成窄缝，接着软腭上升，堵塞鼻腔通路，声带不振动，然后使口中的气流从窄缝中挤出，摩擦成声。二者的语音区别性特征，则仅表现为发音部位的差别："f"是唇齿音，由上齿与下唇阻塞气流形成；"x"是舌面前音，由舌面前部与硬腭前部阻塞气流形成，因此二者形成了一组最小对比对。

针对发音部位的区别性特征的游戏设计：

游戏 1：比赛吃酸奶

训练方法：成人将酸奶分别涂在小朋友的硬腭前部和下唇处，让小朋友用上齿将下唇处的酸奶刮干净、用舌面前部将硬腭前部的酸奶刮干净，比一比谁刮得最快。

游戏促进点：将唇齿音和舌面前音的差别可视化，帮助儿童区分声母 f 和声母 x。

训练材料：无。

游戏 2：吹纸屑

训练方法：可以在桌子上撒一些小纸屑，然后桌子的另一端放一个盆，让儿童沿着桌子边缘将碎纸屑一起吹到盆里，记得要用上面的牙齿和下面的嘴唇来吹气。

游戏促进点：将唇齿音和舌面前音的差别可视化，帮助儿童区分声母 f

和声母 x。

训练材料：无。

二、听辨训练

（一）以"f"或"x"为声母的单音节字的听辨练习

成人指着图片读"肤""嘘"等以"f"或"x"为声母的单音节字，儿童分别进行跟读。

成人随机读出"肤""嘘"等以"f"或"x"为声母的单音节字，儿童听后指出对应的图片。

游戏：种植能手

训练方法：成人准备多张以"f"或"x"为声母的单音节字卡片，引导儿童朗读以"f"或"x"为声母的单音节字，并"种"下相应以"f"或"x"为声母的单音节字卡片，正确种植数量多者获胜。

训练促进点：通过游戏帮助儿童提升区分声母 f 和 x 的能力。

训练材料：发、夫、饭、方、腹、富、妇、佛、法、罚、乏、分、风、副、奉、非、疯、负、粉、飞、份、肥、需、叙、许、学、雪、穴、虾、线、谢、写、些、鞋、斜、蟹、香、想、向、像、湘、详、须、袖、绣等。

（二）以"f"或"x"为声母的双音节词的听辨练习

成人指着图片读"分享""发现"等以"f"或"x"为声母的双音节词语，儿童分别进行跟读。

成人随机读出"分享""发现"等以"f"或"x"为声母的双音节词语，儿童听后指出对应的图片。

游戏：挑选汉字

训练方法：成人准备两张口腔嘴型的图片，一个表示唇齿音，一个表示舌面前音。成人引导儿童根据双音节词语的特点来区别这两张图片。如成人说出首字是以"x"为声母的双音节词语，则让儿童拿出表示舌面前音的图片；如成人说出首字是以"f"为声母的双音节词语，则让儿童拿出表示唇齿音的图片。

训练促进点：在反复训练中帮助儿童区声母 f 和声母 x。

训练材料：奉献、发现、分析、分享、幸福、消防、想法、校服等。

三、综合内容练习

（一）单字对比练习

夫^{fū}（1F-495）需^{xū}（1X-2059）发^{fā}（1F-432）想^{xiǎng}（1X-1992）
复^{fù}（1F-517）西^{xī}（1X-1925）方^{fāng}（1F-451）消^{xiāo}（1X-2000）
飞^{fēi}（1F-462）修^{xiū}（1X-2050）

游戏：采购小能手

训练方法：成人准备虾、毛线、米饭等道具（可为实物也可为图片）。成人给儿童列出"采购清单"，引导儿童说出"我想要 X"来采购物品。如儿童说"我想要米饭"正确发音后成人将米饭给儿童，即"采购"成功。

训练促进点：将训练融入日常生活情境，不知不觉中提升儿童声母 f 和声母 x 的发音准确度。

训练材料：米饭、毛线、虾、风筝、衣服、信封、香蕉等。

（二）词语对比练习

夫婿^{fū xù}（1F-495）发现^{fā xiàn}（1F-432）复习^{fù xí}（1F-517）
方向^{fāng xiàng}（1F-451）飞行^{fēi xíng}（1F-462）想法^{xiǎng fǎ}（1X-1992）
西服^{xī fú}（1X-1925）幸福^{xìng fú}（1X-2041）消费^{xiāo fèi}（1X-2000）
修复^{xiū fù}（1X-2050）

游戏：将军饮马

训练方法： 成人准备玩具小马和含有声母 f 和声母 x 的词卡若干，词卡排列于桌面，词卡两侧即为"河"的两岸。儿童正确朗读一个词卡小马即前进一步，直至儿童朗读完所有词卡即过河成功。

训练促进点： 在反复练习中训练儿童对"f"和"x"的发音能力。

训练材料： 分享、发现、复习、方向、飞行等。

（三）短语对比练习

分享幸福（1X-2041） 放学复习（1F-517）
修复缝隙（1F-490） 方形的信封（1X-2030）
芳香的秀发（1X-2053）

游戏 1：跳棋能手

训练方法： 成人准备任一款跳棋。儿童大声、正确地朗读一个短语，即可进行一个跳棋步骤，最先将跳棋走到对方阵营的儿童获胜。

训练促进点： 训练儿童对"f"和"x"的发音能力；提高手眼协调能力。

训练材料： 分享幸福、放学复习、修复缝隙等。

（四）短句练习

1. 学业之外，我们还有丰富的休闲活动。
2. 宪法的颁布令人兴奋。
3. 繁星之下，漫天飞雪在舞动。
4. 消防员的奉献精神值得我们学习。
5. 这对夫妇在学校门口等儿童放学。

游戏：缩句小能手

训练方法： 成人展示短句，儿童大声朗读后对其进行缩句，直至句型最简。如"学业之外，我们还有丰富的休闲活动"缩句为"我们有活动"。成人可在缩句过程中给予儿童适当的指导。

训练促进点： 既促进儿童掌握汉语语法，又帮助儿童提升对"f"和"x"的发音能力。

训练材料： 学业之外，我们还有丰富的休闲活动；宪法的颁布令人兴奋；繁星之下，漫天飞雪在舞动；消防员的奉献精神值得我们学习；这对夫妇在学校门口等儿童放学。

（五）绕口令练习

爷爷拄拐杖，拐杖扶爷爷，地里摘瓜去，
河水洗西瓜，斧子劈西瓜，爷爷吃西瓜，
西瓜甜滋滋，脸上笑嘻嘻，胡须红花花。

游戏：运送玩具

训练方法： 成人准备一辆玩具小车和一些小玩具。小车载着玩具驶向目的地儿童正确朗读一句绕口令，小车即可载着玩具"前进"一步，玩具初始位置和目的地间共5步，运送玩具多的儿童获胜。

训练促进点： 以"运送玩具"为驱动，帮助儿童完成绕口令训练，提升发"f"音和"x"音的能力。

训练材料： 爷爷拄拐杖，拐杖扶爷爷，地里摘瓜去，河水洗西瓜，斧子劈西瓜，爷爷吃西瓜，西瓜甜滋滋，脸上笑嘻嘻，胡须红花花。

第九节　声母 x 和声母 sh

一、发音动作训练

"x"和"sh"的发音方法相同，都是清、擦音，即在发音时，发音部位相接触，形成窄缝，接着软腭上升，堵塞鼻腔通路，声带不振动，然后使口中的气流从窄缝中挤出，摩擦成声。二者的语音区别性特征，则仅表现为发音部位的差别："x"是舌面前音，由舌面前部靠近硬腭前部阻塞气流形成；"sh"是舌尖后音，由舌尖抵住或接近硬腭前部阻塞气流形成，因此二者形成了一组最小对比对。

针对发音部位区别性特征的游戏设计：

游戏1：舌头操

训练方法：成人轮流发"x"音和"sh"音，儿童嘴微张，听到"x"音时舌头展平，听到"sh"音时舌头卷起。

训练促进点：通过舌头练习帮助儿童找准发音部位，区分声母 x 和声母 sh。

训练材料：x、sh。

游戏2：微笑合照

训练方法：成人指导儿童分别发"x"音和"sh"音，并拍合照，随后观察两张照片，发"x"音时嘴型是微笑的，发"sh"音时嘴型类似惊讶的 O。

训练促进点：通过观察口型的开合找准发音部位，区分声母 x 和声母 sh。

训练材料：x、sh。

二、听辨训练

（一）以 x 或 sh 为声母的单音节字的听辨练习

成人指着图片读"洗""诗"等以"x"或"sh"为声母的单音节字，儿童分别进行跟读。

成人随机读出"洗""诗"等以"x"或"sh"为声母的单音节字，儿童听后指出对应的图片。

游戏：果汁吸吸

训练方法：成人准备一杯果汁，插入吸管，随机读以"x"或"sh"为声母的单音节字，当听到以"x"为声母的单音节字时，儿童可以喝一口果汁，果汁喝完，游戏结束。

训练促进点：通过游戏帮助儿童提升区分声母"x"和"sh"的能力。

训练材料：习、下、想、先、小、向、行、像、是、说、上、时、十、谁、啥、水等。

（二）以 x 或 sh 为声母的双音节词的听辨练习

成人指着图片读"上学""香水"等以"x"或"sh"为声母的双音节词语，儿童分别进行跟读。

成人随机读出"上学""香水"等以"x"或"sh"为声母的双音节词语，儿童听后指出对应的图片。

游戏：击鼓

训练方法：成人准备两个不同的鼓，分别写上声母"x"和声母"sh"，朗读以"x"或"sh"为声母的双音节词语，儿童判断声母后，按顺序敲击鼓上的声母。

训练促进点：在反复训练中帮助儿童区分声母 x 和声母 sh。

训练材料：形式、叙事、小说、选手、先生、吸收、实现、首先、熟悉、剩下、绍兴、顺序等。

三、综合内容练习

（一）单字对比练习

吸（1X-1926）师（1S-1616）训（1X-2081）顺（1S-1695）
戏（1X-1946）事（1S-1640）炫（2X-833）涮（2S-696）
虚（1X-2058）书（1S-1661）

游戏：卡片找"妈妈"

训练方法： 成人准备以"x"或"sh"为声母的单音节字的字卡和两个篮子，篮子分别写上声母 x 和声母 sh，儿童逐一捡起字卡，准确发音并将字卡放进对应声母的篮子。

训练促进点： 反复进行辨识和发音训练，提升儿童发声母 x 和声母 sh 的准确度。

训练材料： 洗、虾、笑、箱、星、山、烧、伸、诗、书等。

（二）词语对比练习

香水（1X-1983）学生（1X-2074）销售（1X-2003）
小时（1X-2004）小说（1X-2004）顺序（1X-2062）
伤心（1S-1574）数学（1S-1681）生肖（1S-1605）
扇形（1S-1572）

游戏：接龙

训练方法： 成人准备词卡若干，逐一向儿童展示词语，儿童有节奏地拍手，跟随节奏按顺序朗读词语，读错或未跟上节奏的儿童接受表演节目的惩罚。

训练促进点：在反复练习中训练儿童对声母 x 和声母 sh 的发音。

训练材料：香水、学生、销售、小时、小说、顺序、伤心、数学、生肖、扇形等。

（三）短语对比练习

实习生销售（1X-2003） 小学生上学（1S-1577）
shí xí shēng xiāo shòu　　　　　xiǎo xué shēng shàng xué

数学系师兄（1S-1616） 亮闪闪的星星（1X-2032）
shù xué xì shī xiōng　　　　　liàng shǎn shǎn de xīng xing

小香的休闲鞋（1X-1965）
xiǎo xiāng de xiū xián xié

游戏：朗读换零食

训练方法：成人准备若干零食，在零食包装袋上贴上含有声母 sh 和声母 x 的短语，儿童准确朗读短语后可获得零食。

训练促进点：在反复练习中训练儿童对声母 x 和声母 sh 的发音。

训练材料：实习生销售、小学生上学、数学系师兄、亮闪闪的星星、小香的休闲鞋等。

（四）短句练习

1. 徐先生欣赏优秀的书画作品。
2. 学生会成员集体协商大会事项。
3. 老生携手新生为同学们说相声。
4. 摄像师使出浑身解数拍照修图。
5. 学校为鼓励学生学习实施新规定。

游戏：比比谁最快

训练方法：成人展示短句，儿童练习朗读，儿童准确读完所有句子后成人可根据儿童用时长短适当给予奖励。

训练促进点：训练儿童对声母 x 和声母 sh 的发音能力。

训练材料： 徐先生欣赏优秀的书画作品；学生会成员集体协商大会事项；老生携手新生为同学们说相声；摄像师使出浑身解数拍照修图；学校为鼓励学生学习实施新规定。

（五）绕口令练习

洗刷刷

洗刷刷洗刷刷，

宝宝爱洗澡。

洗刷刷洗刷刷，

洗得乐淘淘。

游戏：洗刷刷

训练方法： 儿童围在盆边，一边跟读儿歌，一边搓洗玩具，率先洗干净玩具且准确背出儿歌的儿童可获得玩具。

训练促进点： 在劳动中训练儿童的发音能力。

训练材料： 洗刷刷洗刷刷，宝宝爱洗澡，洗刷刷洗刷刷，洗得乐淘淘。

第十节　声母c和声母ch

一、发音动作训练

"c"和"ch"的发音方法相同，都是送气、清、塞擦音，即在发音时，发音部位相接触，形成闭塞，接着软腭上升，堵塞鼻腔通路，声带不振动然后使口中较张的气流把发音部位形成的阻碍冲开一条窄缝，并从中挤出，摩擦成声。二者的语音区别性特征，则仅表现为发音部位的差别："c"是舌尖前音，由舌尖抵住齿背阻碍气流形成；"ch"是舌尖后音，由舌尖接近硬腭前部阻碍气流形成，因此形成了一组最小对比对。

针对发音部位区别性特征的游戏设计：

游戏1：舔食酸奶盖

训练方法：将酸奶盖子放在儿童面前，成人用一手轻轻固定住儿童的下颚，让儿童只运用舌头的力量来自下而上舔食酸奶盖，训练儿童卷舌的力量。

训练促进点：增强舌头的力量；提高舌头灵活性。

训练材料：无。

游戏2：运送海苔

训练方法：准备两个小碟子和一片中等大小的海苔，让儿童只运用舌部力量来将海苔由一个碟子运送到另一个碟子中，再运回来，如此反复多次，逐步增加两个碟子之间的距离，以此训练儿童对舌头的控制力。

训练促进点：增强舌头的力量；提高舌头灵活性。

训练材料：无。

二、听辨训练

（一）以"c"或"ch"为声母的单音节字的听辨练习

成人指着图片读"藏""长"等以"c"或"ch"为声母的单音节字，儿童分别进行跟读。

成人随机读出"藏""长"等以"c"或"ch"为声母的单音节字，儿童听后指出对应的图片。

游戏：我是小小打捞员

训练方法：成人准备若干糖果，放在一个盒子里，儿童想要"打捞"糖果，就要听成人的"指令"。只有听到声母为"ch"和"c"的词语时，才可以"打捞"一颗糖果，直到"拯救"出所有糖果为止。

训练促进点：提高儿童的注意力以及分辨拼音的能力，成人通过不同发音的混淆，以及语速的改变，促进儿童分清声母c和声母ch。

训练材料：吃、出、初、厨、冲、重、虫、除、查、差、插、茶、车、尺、扯、唱、场、长、词、辞、刺、此、慈、擦、促、催、翠、错、测、册、刺、伺、糙、粗、蹙、从、次、曾、称等。

（二）以"c"或"ch"为声母的双音节词的听辨练习

成人指着图片读"此处""操持"等以"c"或"ch"为声母的双音节词语，儿童分别进行跟读。

成人随机读出"此处""操持"等以"c"或"ch"为声母的双音节词语，儿童听后指出对应的图片。

游戏：飞行棋前进

训练方法：准备一副飞行棋，以及把以"c"和"ch"为声母的双音节词语打印出来，成人与儿童的棋子在同一起跑线，分别掷骰子，掷到数字几则要读几个双音节的词语，朗读正确后棋子便可以向前走几步，直到胜利为止。

训练促进点：提高儿童的注意力以及分辨拼音的能力。

训练材料：擦音、财产、成材、春蚕、陈醋等。

三、综合内容练习

（一）单字对比练习

擦（1C-142）叉（1C-172）财（1C-146）柴（1C-179）
蚕（1C-156）缠（1C-180）草（1C-166）巢（1C-197）
仓（1C-159）唱（1C-194）

游戏：攀登高峰

训练方法： 准备一条长绳子，把以"c"和"ch"为声母的字都写在小卡片上，从上到下粘在绳子上，儿童要从最下面的卡片开始，朗读正确后，慢慢向上朗读，当朗读到绳子顶端的卡片时，则能得到小礼物。

训练促进点： 集中儿童注意力，在趣味中学会声母 c 和声母 ch 的发音。

训练材料： 吃、长、出、初、厨、冲、重、虫、除、查、差、插、茶、车、尺、扯、唱、场、词、辞、刺、此、慈、擦、促、催、翠、错、测、册、刺、伺、糙、粗、蹙、从、次、曾、称等。

（二）词语对比练习

擦窗（1C-142）财产（1C-146）成材（1C-145）
餐车（1C-154）春蚕（1C-156）陈醋（1C-209）
尺寸（1C-230）炒菜（1C-201）储存（1C-295）
磁场（1C-278）

游戏：聪明猜词王

训练方法： 准备一个计时器，成人与儿童一起参与游戏，准备一些以"ch"和"c"为声母的词语的图片，在指定时间内，成人和儿童分别看图猜词，猜出词语并且准确读出词语发音者得一分，谁分数多则获胜。

训练促进点：通过词语训练，系统地训练儿童对声母 ch 和声母 c 的发音，提高儿童对词语的积累。提高儿童的想象力，使他们能动地参与到训练中，提高训练的效率和效果。

训练材料：擦窗、成材、财产、餐车、春蚕、陈醋、尺寸、炒菜、储存、磁场等。

（三）短语对比练习

chōng xǐ xiǎo cōng
冲洗小葱（1C-284）

chī cài zhōu
吃菜粥（1C-228）

cún chǔ cái chǎn
存储财产（1C-295）

chǎo nào de cài chǎng
吵闹的菜场（1C-151）

cāo chǎng de huī chén
操场的灰尘（1C-206）

游戏：捕捞漂流瓶

训练方法：准备几个矿泉水瓶，纸里面写着"ch"和"c"开头的词语，放入瓶子中，要求儿童用网"捕捞"瓶子，并打开瓶子，用一个形容词来形容词语可以积一分，满10分即可获得小奖励。例如"成就"，儿童可以回答出"伟大的成就"；"曾经"，儿童回答出"美好的曾经"算回答正确。

训练促进点：通过短语训练，系统地训练儿童对"ch"和"c"的发音，提高儿童对词语的积累。提高儿童的注意力和兴趣，使他们能动地参与到训练中，提高训练的效率和效果。

训练材料：冲洗小葱、吃菜粥、存储财产、吵闹的菜场、操场的灰尘等。

（四）短句练习

1. 小蔡帮老爷爷劈柴。
2. 小红今天负责检查擦黑板情况。
3. 工厂里制作了很多瓷砖。
4. 超市里有新鲜的蔬菜。

5. 不要错过清晨的小船。

游戏：抛圈小游戏

训练方法： 准备几个圈，在地上摆放几张折成不同形状的纸（纸飞机、爱心、青蛙等），纸里面写着含有声母 ch 和声母 c 的句子，要求儿童套圈套中，并打开纸，大声准确地朗读出句子可以积一分，满10分即可获得小奖励。

训练促进点： 通过短语训练，系统地训练儿童"ch"和"c"的发音，提高儿童对词语的积累。提高儿童的注意力和兴趣，使他们能动地参与到训练中，提高训练的效率和效果。

训练材料： 小蔡帮老爷爷劈柴；小红今天负责检查擦黑板情况；工厂里制作了很多瓷砖；超市里有新鲜的蔬菜；不要错过清晨的小船。

（五）绕口令练习

大柴和小柴，
帮助爷爷晒白菜，
大柴晒的是大白菜，
小柴晒的是小白菜。
大柴晒了四十四斤四两大白菜，
小柴晒了三十三斤三两小白菜，
大柴和小柴，
总共晒了七十七斤七两大大小小的白菜。

游戏：大柴和小柴

训练方法： 成人与儿童一起将肢体语言与绕口令相结合。如读到"大柴和小柴"时，成人和儿童一起做出鼓掌的动作；读到"帮助爷爷晒白菜"时，儿童和成人相互击掌；读到"大柴晒的是大白菜"时，成人与儿童一起在胸前比个大圆圈；读到"小柴晒的是小白菜"时，成人和儿童用手比划出小圆圈；读到"大柴晒了四十四斤四两大白菜，小柴晒了三十三斤三两小白菜"时，成人与儿童分别交叉击掌；读到"大柴和小柴，共晒了七十七斤七两大大小小的白菜"时，成人和儿童双手比划出"77"。在绕口令亲子互动中提升语言能力，提高对声母 ch 和声母 c 的发音能力。

训练促进点：训练儿童声母 ch 和声母 c 的发音，通过语速的变化配合手部动作，提高儿童的记忆能力，促进亲子关系。

训练材料：大柴和小柴，帮助爷爷晒白菜，大柴晒的是大白菜，小柴晒的是小白菜。大柴晒了四十四斤四两大白菜，小柴晒了三十三斤三两小白菜，大柴和小柴，总共晒了七十七斤七两大大小小的白菜。

第十一节　声母 d 和声母 g

一、发音动作训练

"d"和"g"的发音方法相同，都是不送气、清、塞音，即在发音时，发音部位相互抵住，形成闭塞，接着软腭上升，堵塞鼻腔通路，声带不振动，然后使口中微弱的气流冲破发音部位形成的阻碍，爆破成声。二者的语音区别性特征，则仅表现为发音部位的差别："d"是舌尖中音，由舌尖中部与硬腭阻碍气流形成；"g"是舌面后音，由舌面后部与软腭阻碍气流形成，因此二者形成了一组最小对比对。

针对发音部位区别性特征的游戏设计：

游戏 1：小黄鸭

训练方法：引导儿童想象鸭子的叫声，模仿鸭子嘎嘎叫。

训练促进点：帮助儿童感受声母 d 和 g 发音位置的区别，提升发音能力。

训练材料：无。

游戏 2：舌头荡秋千

训练方法：引导儿童想象声母 d 和 g 发音时，将舌尖上下位置不同的情况想象为秋千荡动，从而正确发音。

训练促进点：帮助儿童感受声母 d 和 g 发音位置的区别，提升发音能力。

训练材料：无。

二、听辨训练

（一）以"d"或"g"为声母的单音节字的听辨练习

成人指着图片读"袋""盖"等以"d"或"g"为声母的单音节字，儿童分别进行跟读。

成人随机读出"袋""盖"等以"d"或"g"为声母的单音节字，儿童听后指出对应的图片。

游戏：老鹰抓小鸡

训练方法：成人扮演老鹰，儿童扮演小鸡，成人指出一些以"d"或"g"为声母的单音节字，如果儿童读错了，老鹰就会抓住读错的小鸡。

训练促进点：通过游戏提升儿童辨别"d"和"g"的能力。

训练材料：带、的、对、等、到、但、给、个、跟、过、该、高等。

（二）以"d"或"g"开头的双音节词的听辨练习

成人指着图片读"蛋糕""古典"等以"d"或"g"为声母的双音节词语，儿童分别进行跟读。

成人随机读出"蛋糕""古典"等以"d"或"g"为声母的双音节词语，儿童听后指出对应的图片。

游戏：匹诺曹

训练方法：儿童将一只手握拳举起，放在鼻前，模拟匹诺曹的鼻子，成人随机指向以"d"或"g"为声母的双音节词语，儿童正确读出，鼻子就不会变长，如果读错了，手就向前移动一个拳头的距离，游戏结束后，"鼻子"越短获得的奖励越多。

训练促进点：通过游戏提升儿童辨别声母d和g的能力。

训练材料：德国、大概、大哥、夺冠、多个、蛋糕、高度、古典、跟读、观点、规定、轨道等。

三、综合内容练习

（一）单字对比练习

袋（1D-308） 钙（1G-527） 灯（1D-338） 耕（1G-565）
党（1D-324） 缸（1G-540） 蛋（1D-320） 肝（1G-534）
刀（1D-326） 高（1G-544）

游戏：稳定大师

训练方法：在条形积木上写以"d"或"g"为声母的单字，将这些积木拼搭成一个稳定的小塔，在保持小塔稳定的同时，儿童要尽可能多地抽出积木。

训练促进点：通过游戏激发儿童兴趣，提高发音能力。

训练材料：袋、盖、灯、更等。

（二）词语对比练习

蛋糕（1D-320） 弹弓（1D-318） 稻谷（1D-334）
德国（1D-336） 灯管（1D-338） 感动（1G-537）
钢钉（1G-541） 宫殿（1G-572） 果冻（1G-629）
格斗（1G-556）

游戏：丢手绢

训练方法：儿童们分别拿着一张含有以"d"或"g"为声母的词语卡片，围成一个圆圈，由一个儿童丢手绢，手绢丢在谁的身后，儿童们就大声读出他所拿的卡片上的词语，如果有儿童读错，就由他来丢下一轮的手绢。

训练促进点：通过游戏激发儿童兴趣，增强发音能力。

训练材料：蛋糕、弹弓、稻谷等。

（三）短语对比练习

古代的典故（1D-358） 当代的观点（1G-604）
更多的蛋糕（1D-320） 固定的轨道（1G-619）
抵达德国（1D-336）

游戏：我是小医生

训练方法：将含有声母 d 或 g 的短语标注上拼音，但将部分拼音中的"d"或"g"换为其他声母，引导儿童对这些拼音进行诊断，全部诊断正确就可获得金牌医生的称号。

训练促进点：通过游戏激发儿童兴趣，提高发音能力。

训练材料：古代的典故、当代的观点、更多的蛋糕、固定的轨道、抵达德国等。

（四）短句练习

1. 小明爱吃德国的蛋糕。
2. 郭德纲在电视上打广告。
3. 我们的祖国有大国担当。
4. 古代的农民要人工割稻谷。
5. 小明玩弹弓，把灯管打碎了。

游戏：春暖花开

训练方法：准备一些纸、画笔和颜料，将一些含声母 d 或 g 的词语的句子写在黑板上，如果儿童正确读出一个句子就可以画一朵小花。

训练促进点：通过游戏激发儿童兴趣，提高发音能力。

训练材料：小明爱吃德国的蛋糕；郭德纲在电视上打广告；我们的祖国有大国担当；古代的农民要人工割稻谷；小明玩弹弓，把灯管打碎了。

（五）绕口令练习

冬瓜冻，冻冬瓜，

炖冻冬瓜是炖冻冬瓜，

不炖冻冬瓜不是炖冻冬瓜。

炖冻冬瓜吃炖冻冬瓜，

不炖冻冬瓜不吃炖冻冬瓜。

游戏：冬瓜蹲

训练方法：将儿童分组，每组3人，分别代表冬瓜冻、冻冬瓜、炖冻冬瓜，每当一个人蹲下时，不仅要读出自己代表的名字，还有大声读出接下来想要谁蹲，例如"冬瓜冻蹲，冬瓜冻蹲，冬瓜冻蹲完，冻冬瓜蹲"。

训练促进点：通过游戏激发儿童兴趣，提高发音能力。

训练材料：冬瓜冻，冻冬瓜，炖冻冬瓜是炖冻冬瓜，不炖冻冬瓜不是炖冻冬瓜。炖冻冬瓜吃炖冻冬瓜，不炖冻冬瓜不吃炖冻冬瓜。

第十二节　声母 p 和声母 t

一、发音动作训练

"p"和"t"的发音方法相同，都是送气、清、塞音，即在发音时，发音部位相闭合或抵住形成闭塞，接着软腭上升，堵塞鼻腔通路，声带不振动，然后使口中较强的气流冲破发音部位形成的阻碍，爆破成声。二者的语音区别性特征，则仅表现为发音部位的差别："p"是双唇音，由上唇与下唇阻碍气流形成；"t"是舌尖中音，由舌尖中部与硬腭阻碍气流形成，因此二者形成了一组最小对比对。

针对发音部位区别性特征的游戏设计：

游戏 1：硬币搬运工

训练方法：准备雪糕棒（或压舌板）一个、硬币若干。成人引导儿童用门牙咬住雪糕棒，将硬币运送至指定地点，儿童返回时需用嘴唇抿住雪糕棒，在游戏过程中反复变换动作。

训练促进点：这个练习能够规范儿童的发音口型，学习声母 p、声母 t 发音时的动作。

训练材料：无。

游戏 2：小鱼咬饵

训练方法：成人手持细线将饼干悬吊于空中，引导儿童反复张口闭口尝试咬到饼干，直到儿童吃到饼干为止。

训练促进点：这个练习可以充分训练口腔及周围的肌肉，促进儿童正确发双唇音和舌尖音。

训练材料：无。

二、听辨训练

（一）以"p"或"t"为声母的单音节字的听辨练习

成人指着图片读"趴""他"等以"p"或"t"为声母的单音节字，儿童分别进行跟读。

成人随机读出"趴""他"等以"p"或"t"为声母的单音节字，儿童听后指出对应的图片。

游戏：萝卜蹲

训练方法：成人与儿童共同进行游戏，每人用一个以"p"或"t"为声母的单音节字作为游戏名字（如"趴""他"），由成人开头"趴蹲，趴蹲，趴蹲完他蹲"，直至有一人蹲错或喊错游戏结束。成人可引导儿童多次游戏，更换不同的单字进行训练。

训练促进点：使儿童熟悉"p"和"t"的发音，并提高儿童反应力。

训练材料：趴、跑、平、盘、片、票、皮、他、太、图、天、贴、听、同等。

（二）以"p"或"t"为声母的双音节词的听辨练习

成人指着图片读"平台""图片"等以"p"或"t"为声母的双音节词语，儿童分别进行跟读。

成人随机读出"平台""图片"等以"p"或"t"为声母的双音节词语，儿童听后指出对应的图片。

游戏：听声投球

训练方法：准备篮子两个，乒乓球若干。将两个篮子左右并排摆放，成人大声朗读以"p"或"t"为声母的双音节词语，儿童听到以"p"为声母的双音节词时，要将乒乓球投入左边的篮子中，当儿童听到以"t"为声母的双音节词时，要将乒乓球投入右边的篮子中。一轮结束后成人检查两个篮子里的乒乓球数量，如数量有误，则儿童需说出对应错误数量的以"p""t"为声母的双音节词语。

训练促进点：提高儿童对声母p和声母t的辨别能力。

训练材料：普通、葡萄、平坦、平台、拼图、烹调、甜品、投票、铜牌、天平、谈判、图片等。

三、综合内容练习

（一）单字对比练习

票（pià o 1P-1378）跳（tiào 1T-1799）怕（pà 1P-1331）踏（tà 1T-1746）

普（pǔ 1P-1403）土（tǔ 1T-1830）牌（pái 1P-1334）台（tái 1T-1748）

皮（pí 1P-1365）题（tí 1T-1788）

游戏：常识我知道

训练方法：准备水果图片若干。成人询问儿童某水果是否需要削皮、是否需要吐籽，引导儿童回答"吃××时要削皮""吃××时要吐籽"，根据儿童的回答情况给予适当奖励。

训练促进点：利用水果将以"p"和"t"为声母的单字联系起来练习，引导儿童主动意识到两者的发音部位不同。

训练材料：皮、吐。

（二）词语对比练习

普通（pǔ tōng 1P-1403）拼图（pīn tú 1P-1379）平坦（píng tǎn 1P-1383）

偏袒（1P-1371） 烹调（2P-571） 图片（1P-1825）
投票（1T-1822） 谈判（1T-1757） 铜牌（1T-1814）
甜品（1T-1795）

游戏：击鼓传花

训练方法：准备零食若干，毽子一个。成人用手机播放击鼓音频，引导儿童互相传递毽子，传递过程中儿童需说出一个以声母p为开头的词语方可继续传递，成人则需说出以声母t为开头的词语。鼓点结束后手中有毽子的一方失败，需交给胜利方一份零食。成人和儿童可多次进行游戏。

训练促进点：重复训练相关词语，能够使儿童明确"p""t"的发音部位不同，并且能够自行组词。

训练材料：普通、拼图、平坦、偏袒、烹调、葡萄、图片、投票、谈判、铜牌、甜品、调皮等。

（三）短语对比练习

配套的平台（1P-1383） 逃跑的叛徒（1P-1339）
葡萄的图片（1T-1825） 泡腾片的品牌（1P-1382）
调皮的天天（1T-1792）

游戏：短语搭积木

训练方法：准备积木若干，成人将奖励置于桌面，在积木上粘贴含有声母p和声母t短语的纸条，儿童从地面开始搭积木，搭积木的同时需大声朗读出短语内容，最终使积木高度达到桌面高度即可获得奖励。

训练促进点：重复练习相关短语，让儿童在朗读的过程中熟知声母p和声母t的发音部位不同，并可正确应用于生活之中。

训练材料：配套的平台、逃跑的叛徒、葡萄的图片、泡腾片的品牌、调皮的天天等。

（四）短句练习

1. 调皮的平平让婆婆特别头痛。
2. 天天喜欢这个品牌的葡萄味的泡腾片。
3. 小萍喜欢吃皮皮虾。
4. 贫穷使我只能在烹调课旁听。
5. 普通的泡泡糖吹不出这么大的泡泡。

游戏：纸牌涂色

训练方法：准备空白纸牌图片、彩笔若干。儿童用彩笔为空白纸牌图片上色，成人需引导儿童说出"这张纸牌要涂成××色"，根据儿童完成情况给予适当奖励。

训练促进点：反复练习相关句式，使儿童接触同时含有声母 p 和声母 t 的词语的句子，提高辨别能力。

训练材料：纸牌要涂成××色。

（五）绕口令练习

吃葡萄

青葡萄，紫葡萄，
青葡萄没有紫葡萄紫，
吃葡萄不吐葡萄皮，
不吃葡萄倒吐葡萄皮。

游戏：塔防绕口令

训练方法：准备糖果若干。成人与儿童共同进行游戏，一人为"进攻"方，一人为"防御"方，进攻方首先说出"吃葡萄不吐葡萄皮"，然后抓取防御方的糖果，防御方需对出"不吃葡萄倒吐葡萄皮"才能终止进攻，一轮结束后攻守转换，看谁最后得到的糖果多。

训练促进点：以直接获得奖励的方式吸引儿童主动参与训练，增强儿童对"p"音和"t"音的掌握程度。

训练材料：吃葡萄不吐葡萄皮，不吃葡萄倒吐葡萄皮。

第十三节　声母 f 和声母 sh

一、发音动作训练

"f"和"sh"的发音方法相同，都是清、擦音，即在发音时，发音部位相接触，形成窄缝，接着软腭上升，堵塞鼻腔通路，声带不振动，然后使口中的气流从窄缝中挤出，摩擦成声。二者的语音区别性特征，则仅表现为发音部位的差别："f"是唇齿音，由上齿与下唇接近阻碍气流形成；"sh"是舌尖后音，由舌尖与硬腭前部阻碍气流形成，因此形成了一组最小对比对。

针对发音部位区别性特征的游戏设计：

游戏 1：吹吹画

训练方法：准备一张纸，在上面滴几滴用水调兑好的水彩颜料，儿童轮流发出"f"和"sh"音，吹制一副好看的水彩画。

训练促进点：帮助儿童感受声母 f 和声母 sh 的发音部位的不同，提升发音能力。

训练材料：f、sh。

游戏 2：飞扬的雪花

训练方法：准备一些细小纸屑，儿童轮流发出"f"音和"sh"音，观察纸屑飞扬的情况。

训练促进点：帮助儿童感受声母 f 和声母 sh 的发音部位的不同，提升发音能力。

训练材料：f、sh。

二、听辨训练

（一）以"f"或"sh"为声母的单音节字的听辨练习

成人指着图片读"发""沙"等以"f"或"sh"为声母的单音节字，儿童分别进行跟读。

成人随机读出"发""沙"等以"f"或"sh"为声母的单音节字，儿童听后指出对应的图片。

游戏：汉字寻宝

训练方法：准备写有以"f"或"sh"为声母的单音节字的乒乓球若干，打乱后置于纸箱内。成人指示儿童寻找"f"音单字或"sh"音单字，儿童在寻找过程中需大声朗读出单字。游戏结束后成人根据儿童完成情况给予适当奖励。

训练促进点：使儿童自主发音并听辨，在反复寻找中熟知"f"音及"sh"音的发音区别。

训练材料：发、分、放、非、方、风、是、说、上、时、谁、少等。

（二）以"f"或"sh"为声母的双音节词的听辨练习

成人指着图片读"发生""说法"等以"f"或"sh"为声母的双音节词语，儿童分别进行跟读。

成人随机读出"发生""说法"等以"f"或"sh"为声母的双音节词语，儿童听后指出对应的图片。

游戏：举手我最快

训练方法：左手表示"f"，右手表示"sh"，成人随机念出一个以声母 f 或声母 sh 为开头的双音节词语，儿童做出正确反应，举起左手或右手。

训练促进点：提升儿童辨别声母 f 和声母 sh 的能力。

训练材料：方式、发生、丰收、范式、复数、放水、是否、诗赋、十分、手法、抒发、身份等。

三、综合内容练习

（一）单字对比练习

发^{fā}（1F-432）沙^{shā}（1S-1559）福^{fú}（1F-505）熟^{shú}（1S-1670）

饭^{fàn}（1F-448）扇^{shàn}（1S-1572）风^{fēng}（1F-481）升^{shēng}（1S-1604）

放^{fàng}（1F-461）上^{shàng}（1S-1577）

游戏：开公交

训练方法：准备两辆公交车样式的卡片，一辆表示"f"，另一辆表示"sh"。画一条路线，在路线上的每个站点写上可以和"f""sh"相拼的韵母，两辆车同时出发，每到一个站点拼读正确，就可前往下一个站点。

训练促进点：激发儿童兴趣，提高发音能力。

训练材料：发、沙、福、熟、饭、扇、风、升、放、上等。

（二）词语对比练习

发烧^{fā shāo}（1S-1580）分数^{fēn shù}（1F-471）风扇^{fēng shàn}（1F-481）

放射^{fàng shè}（1F-461）俯视^{fǔ shì}（2F-210）示范^{shì fàn}（1S-1638）

山峰^{shān fēng}（1S-1566）商贩^{shāng fàn}（1S-1575）书法^{shū fǎ}（1S-1661）

水分^{shuǐ fèn}（1S-1692）

游戏：丝绸之路

训练方法：成人扮演丝绸之路上的商人，儿童扮演购买者，儿童需要正确读出卡片上的以声母 f 或声母 sh 为开头的词语，才可以和商人交易物品。

训练促进点：激发儿童兴趣，提高发音能力。

训练材料：发烧、分数、风扇、放射、俯视、示范、山峰、商贩、书法、水分等。

（三）短语对比练习

舒服的沙发（1S-1559）师傅的书房（1S-1661）
身份的束缚（1S-1677）时尚的服饰（1F-501）
防晒的方式（1F-451）

游戏：建筑大师

训练方法：准备一套能搭建成房屋形状的积木，儿童每正确读出一个含声母 f 或声母 sh 的短语，就能获得一块积木，成人要引导儿童将积木搭建成房屋的形状。

训练促进点：通过游戏引发儿童兴趣，加强发音能力。

训练材料：舒服的沙发、师傅的书房、身份的束缚、时尚的服饰、防晒的方式等。

（四）短句练习

1. 冯珊珊实在是分身乏术了。
2. 冯绍峰的身份证丢在抚顺市了。
3. 那对菲律宾夫妇在富士山附近买了爽肤水。
4. 我的生活方式很舒服。
5. 菲菲考上了佛山市的师范类院校。

游戏：此时无声胜有声

训练方法：成人在每局游戏开始前，指定遇到以声母 f 为开头的字不说话或遇到以声母 sh 为开头的字不说话，然后成人带领儿童一起朗读句子，当读到指定声母开头的字时不发声。

训练促进点：激发儿童兴趣；提高发音能力。

训练材料： 珊珊实在是分身乏术了；冯绍峰的身份证丢在抚顺市了；那对菲律宾夫妇在富士山附近买了爽肤水；我的生活方式很舒服；菲菲考上了佛山市的师范类院校。

（五）绕口令练习

发生了什么？

发生了什么？

芳芳涂防晒。

发生了什么？

夫妇要做饭。

发生了什么？

叔叔练书法。

游戏：芝麻开门

训练方法： 将绕口令写在黑板上，随机指出一句话引导儿童读出，如果读对了，即完成芝麻开门，获得一定奖励。

训练促进点： 激发儿童兴趣；提高发音能力。

训练材料： 发生了什么？芳芳涂防晒。发生了什么？夫妇要做饭。发生了什么？叔叔练书法。

第十四节　声母 q 和声母 ch

一、发音动作训练

"q"和"ch"的发音方法相同，都是送气、清、塞擦音，即在发音时，发音部位相接触，形成闭塞，接着软腭上升，堵塞鼻腔通路，声带不振动，然后使口中较强的气流把发音部位形成的阻碍冲开一道窄缝，并从中挤出，摩擦成声。二者的语音区别性特征，则仅表现为发音部位的差别："q"是舌面前音，由舌面前部与硬腭前部阻碍气流形成；"ch"是舌尖后音，由舌尖与硬腭前部阻碍气流形成，因此二者形成了一组最小对比对。

针对发音部位区别性特征的游戏设计：

游戏 1：品尝糖果

训练方法：准备糖果一颗。成人引导儿童先用舌尖舔舔糖果，然后将糖果含在嘴里，询问儿童感觉变化。

训练促进点：充分调动口腔内发"q"音和"ch"音的部位并使儿童加以区分。

训练材料：无。

游戏 2：舌头小卫兵

训练方法：成人与儿童面对面坐好，成人发出口令"稍息"和"立正"，"稍息"时儿童用舌面前部贴住硬腭，"立正"时儿童舌尖上翘顶住硬腭前部。

训练促进点：这个练习可以明确"q"音和"ch"音的发声动作。

训练材料：无。

二、听辨训练

（一）以"q"或"ch"为声母的单音节字的听辨练习

成人指着图片读"期""齿"等以"q"或"ch"为声母的单音节字，儿童分别进行跟读。

成人随机读出"期""齿"等以"q"或"ch"为声母的单音节字，儿童听后指出对应的图片。

游戏：汉字寻宝

训练方法：准备写有以"q"或"ch"为声母的单音节字的乒乓球若干，打乱后置于纸箱内。成人指示儿童寻找含有声母 q 的单字或声母 ch 的单字，儿童在寻找过程中需大声朗读出单字。游戏结束后成人根据儿童完成情况给予适当奖励。

训练促进点：儿童自主发音并听辨，在反复寻找中熟知"q"音和"ch"音的发音区别。

训练材料：七、去、秋、亲、前、其、全、齐、强、气、吃、成、车、陈、查、厂、冲、纯、丑等。

（二）以"q"或"ch"为声母的双音节词的听辨练习

成人指着图片读"汽车""充气"等以声母"q"或"ch"为开头的双音节词语，儿童分别进行跟读。

成人随机读出"汽车""充气"等以声母"q"或"ch"为开头的双音节词语，儿童听后指出对应的图片。

游戏：巧对暗号

训练方法：准备写有以声母 q 或声母 ch 为开头的双音节词语的卡片若干，成人随机抽出一张卡片并大声朗读其内容，如卡片上是"q"音词语，则儿童需在剩余卡片中寻找含有一张"ch"音词卡朗读应答，反之亦然。游戏结束后成人根据儿童回答正确的数量给予适当奖励。

训练促进点：使儿童通过听和读分辨声母 q 和声母 ch 的发音差别，同时掌握相关双音节词语的运用方法。

训练材料：汽车、清晨、清朝、球场、雀巢、骑车、长期、长裙、城区、城墙、抽签、传奇等。

三、综合内容练习

（一）单字对比练习

旗（1Q-1418） 齿（1C-231） 渠（2Q-630） 锄（2C-100）
桥（1Q-1450） 巢（1C-197） 穷（1Q-1473） 虫（1C-237）
圈（1Q-1489） 川（1C-257）

游戏：碰撞球

训练方法：准备乒乓球、气球、皮球、篮球等重量不等的球，成人与儿童使用各种球类在地面上互相碰撞（球不可离地），引导儿童猜测球的重量"气球轻，皮球沉"。

训练促进点：利用"轻""沉"这一对相反的观念引导儿童区分含声母 q 和声母 ch 的单字的发音区别。

训练材料：轻、沉。

（二）词语对比练习

汽车（1Q-1425） 清晨（1Q-1467） 青春（1Q-1403）
球场（1Q-1478） 雀巢（1Q-1499） 脐橙（2Q-594）
长裙（1C-185） 秋蝉（1Q-1475） 骑车（1Q-1416）
城区（1C-219）

游戏：汽车过桥

训练方法：准备玩具小汽车一个、积木若干。成人用积木摆成一座座"桥"，儿童需控制汽车驶过"桥"到达终点获得奖励。每过一座桥儿童需说出"汽车过了×座桥"方可继续游戏。

训练促进点：重复练习相关词语，能够使儿童从实物名称中明确"q"音和"ch"音词语的发音区别。

训练材料：汽车过了×座桥。

（三）短语对比练习

清 chǔ 地 澄 清（2C-90）　初秋的 城 墙（1C-219）
秦朝的 气 场（1Q-1423）　凄楚的 青 春（1Q-1463）
初期的 产 权（1C-181）

游戏：我是大侦探

训练方法：准备笔、纸。成人在纸上写好相关内容并将纸倒扣于桌面上，打乱顺序大声说出信里的各个单字，引导儿童猜测"信件"内容。儿童有三次机会将听到的线索重新排列组合并向成人口述，成人根据儿童完成程度给予适当奖励。

训练促进点：对相关短语进行反复拆解朗读，可以增进儿童对"q"音和"ch"音的掌握能力，同时明确两个声母发音的不同。

训练材料：清楚地澄清、初秋的城墙、凄楚的青春、初期的产权等。

（四）短句练习

1. 处在青春期的儿童们总是有着倾城的容貌和简单清纯的气质。
2. 权臣总是清楚得去查牵扯进来的翘楚的背景。
3. 拆迁队圈出厂区的位置驱车前往。
4. 在查寝时出现了一个小插曲。

5. 小明气喘吁吁地打翻了刚沏好的茶。

游戏：短句往返跑

训练方法：准备含声母 q 和声母 ch 的字或词语的短句若干、塑料凳两个，成人与儿童进行竞赛，从一个塑料凳跑到另一个塑料凳处，大声朗读短句内容并进行下一轮的折返，短句全部朗读完毕则游戏结束，获胜者可获得奖励。

训练促进点：通过竞赛的方式引导儿童朗读训练材料，使儿童进行连续发音对比，掌握"q"和"ch"音的区别。

训练材料：处在青春期的儿童们总是有着倾城的容貌和简单清纯的气质；权臣总是清楚得去查牵扯进来的翘楚的背景；拆迁队圈出厂区的位置驱车前往；在查寝时出现了一个小插曲；小明气喘吁吁地打翻了刚沏好的茶。

（五）绕口令练习

稀奇稀奇真稀奇，

三只小鸡不吃米，

不吃米，

吃啥东西，

虫子青菜最欢喜。

游戏：小鸡吃什么

训练方法：准备小鸡图片一张、食物卡片若干。成人随机抽取卡片询问儿童："小鸡吃××吗？"引导儿童回答"小鸡吃 / 不吃××"并将卡片放在小鸡图片上或图片外。成人根据儿童完成情况给予适当奖励。

训练促进点：重复进行相关对话，能够使儿童熟声母 q 和声母 ch 的运用，同时丰富日常认知。

训练材料：小鸡、橙子、青菜、青椒、虫子、甜甜圈、炒面、茄子等。

第十五节　声母 f 和声母 h

一、发音动作训练

"f"和"h"的发音方法相同，都是不送气、清、擦音，即在发音时，发音部位相接触，形成窄缝，接着软腭上升，堵塞鼻腔通路，声带不振动，然后使口中的气流从窄缝中挤出，摩擦成声。二者的语音区别性特征，则仅表现为发音部位的差别："f"为唇齿音，由下唇与上齿阻塞气流形成；"h"为舌面后音，由舌面后部与软腭阻塞气流形成，因此形成了一组最小对比对。

针对发音部位的区别性特征的游戏设计：

游戏 1：吃蜂蜜

训练方法：将一点蜂蜜涂在儿童下嘴唇间，指导儿童轮流发"f"音和"h"音，让儿童感受哪个发音的唇齿位置可以吃到蜂蜜。

训练促进点：帮助儿童感受声母 f 和声母 h 的发音位置的不同，提升发音能力。

训练材料：无。

游戏 2：吹镜子

训练方法：让儿童对着镜子哈气，镜子上留下水汽，让他感受哈气时舌头的位置。

训练促进点：帮助儿童感受声母 f 和声母 h 的发音位置的不同，提升发音能力。

训练材料：无。

二、听辨训练

（一）以"f"或"h"为声母的单音节字的听辨练习

成人指着图片读"斧""虎"等以"f"或"h"为声母的单音节字，儿童分别进行跟读。

成人随机读出"斧""虎"等以"f"或"h"为声母的单音节字，儿童听后指出对应的图片。

游戏：摘苹果

训练方法：准备两个篮子，分别代表声母 f 和声母 h。在黑板上画一棵苹果树，贴上多张的含声母 f 或声母 h 的单音节字卡片，朗读卡片上的单音节字，引导儿童摘下对应卡片，并判断字的发音，将其放入对应篮子。

训练促进点：通过游戏提升儿童辨别声母 f 和声母 h 的能力。

训练材料：发、分、放、法、非、方、和、好、还、会、后、或等。

（二）以 f 或 h 为声母的双音节词的听辨练习

成人指着图片读"符号""划分"等以"f"或"h"为声母的双音节词语，儿童分别进行跟读。

成人随机读出"符号""划分"等以"f"或"h"为声母的双音节词语，儿童听后指出对应的图片。

游戏：跳格子

训练方法：在地板上画两个格子，分别表示声母 f 和声母 h，随机朗读以"f"和"h"为声母的双音节词语，儿童根据读音跳进不同的格子。

训练促进点：通过游戏提升儿童辨别声母 f 和声母 h 的能力。

训练材料：发挥、匪患、烽火、俘获、返回、繁华、花费、寒风、恢复、合法、豪放等。

三、综合内容练习

（一）单字对比练习

父（1F-512）虎（1H-700）风（1F-481）横（1H-674）
焚（2F-200）恨（1H-671）飞（1F-462）黑（1H-666）
方（1F-451）航（1H-646）

游戏1：独木桥

训练方法： 在直线方向上，间隔一定的距离写下以"f"或"h"为声母的字，在终点处放置一定的奖励，儿童一边走一边读出所到之处字的发音，到达终点即可获得奖励。

训练促进点： 通过游戏引发儿童兴趣，加强发音能力。

训练材料： 父、虎、飞、黑等。

游戏2：寻宝之旅

训练方法： 在地板上设计较为复杂的路线图，分别在分出的路线上写出"f"和"h"发音开头的字，并标注出读音，正确路线上读音与字正确对应，错误路线上将该字的读音中的"f"或"h"颠倒为另者。引导儿童选择正确的路线，到达藏宝处。

训练促进点： 通过游戏引发儿童兴趣，加强发音能力。

训练材料： 方、横、风、航

（二）词语对比练习

符号（1F-503）凤凰（1F-491）繁华（1F-443）
饭盒（1F-448）粉红（1F-475）富豪（1F-521）

防护（1F-454） 汉服（1H-642） 化肥（1H-708）
孵化（1F-497）

游戏：你画我猜

训练方法： 准备一些以声母 f 或声母 h 为开头的词语卡片，在其中随机抽取一张，并根据抽取到的词语，在黑板上简单作画，引导儿童猜出并读出对应的词语。

训练促进点： 通过游戏引发儿童兴趣，加强发音能力。

训练材料： 符号、凤凰、繁华、饭盒等。

（三）短语对比练习

寒冷的海风（1H-634） 耗费的盒饭（1H-661）
父皇的华服（1H-705） 腐化的祸患（1H-754）
恢弘的符号（1H-740）

游戏：上上签

训练方法： 将含有声母 f 和声母 h 的短语写在纸张上，卷起来放在签筒中，儿童抽签并读出签上的短语，每读对一个短语则积1分，积分达到15即可获得奖励。

训练促进点： 通过游戏引发儿童兴趣，加强发音能力。

训练材料： 寒冷的海风、恢弘的符号等。

（四）短句练习

1. 公主在皇宫里用豪华的护肤品护肤。
2. 花匠运用化肥为花朵施肥，利用黄蜂传递花粉。
3. 画匠用自己的画笔划分出栩栩如生的豪放图景。

4. 方华为防范防洪的影响，精心呵护门前泛黄的横幅。

5. 任意挥霍官方的钱财是不合法的行为。

游戏：蚂蚁回家

训练方法：将短句中以"f"或"h"为声母的词语适当挖空，将挖出的词语写在卡片上，引导儿童大声读出词语，并将正确的词语放入对应位置。

训练促进点：通过游戏引发儿童兴趣，加强发音能力。

训练材料：公主在皇宫里用豪华的护肤品护肤；花匠运用化肥为花朵施肥，利用黄蜂传递花粉；等等。

（五）绕口令练习

黑化肥发灰，灰化肥发黑，

黑化肥发灰会挥发，灰化肥挥发会发黑，

黑化肥挥发发灰会花飞，灰化肥挥发发黑会飞花，

黑灰化肥会挥发发灰黑讳为花飞，灰黑化肥会挥发发黑灰为讳飞花。

游戏：绕口令手势舞

训练方法：设定读含有声母 f 的字时，手掌在身边合并；读含有声母 h 的字时，手臂向两边打开。

训练促进点：通过游戏引发儿童兴趣，加强发音能力。

训练材料：黑化肥发灰，灰化肥发黑，黑化肥发灰会挥发，灰化肥挥发会发黑，黑化肥挥发发灰会花飞，灰化肥挥发发黑会飞花，黑灰化肥会挥发发灰黑讳为花飞，灰黑化肥会挥发发黑灰为讳飞花。

第十六节　声母 h 和声母 sh

一、发音动作训练

"h"和"sh"的发音方法相同，都是不送气、清、擦音，即在发音时，发音部位相接触，形成闭塞，接着软腭上升，堵塞鼻腔通路，声带不振动，然后使口中微弱的气流把发音部位形成的阻碍冲开一道窄缝，并从中挤出，摩擦成声。二者的语音区别性特征，则仅表现为发音部位的差别："h"是舌面后音，由舌面后与软腭阻塞气流形成；"sh"是舌尖后音，由舌尖与软腭阻塞气流形成，因此二者形成一组最小对比对。

针对发音部位不同的区别特征的游戏设计：

游戏：平翘舌

训练方法：成人准备压舌板，当儿童舌头被压舌板压住的时候，可以正确发出"h"音；当儿童不被压舌板压住可以卷舌时，可以正确发出"sh"音。

训练促进点：让儿童感受到声母 h 和声母 sh 在发音时部位的不同。

训练材料：压舌板。

二、听辨训练

（一）以"h"或"sh"为声母的单音节字的听辨练习

成人指着图片读"虎""鼠"等以"h"或"sh"为声母的单音节字，儿童分别进行跟读。

成人随机读出"虎""鼠"等以"h"或"sh"为声母的单音节字，儿童听后指出对应的图片。

游戏：开火车

训练方法：让儿童排成一排，成人随机发出"h"音和"sh"音，儿童依次辨别成人发出的音，听到"h"音保持站姿，听到"sh"音蹲下。

训练促进点：通过游戏帮助儿童提升区分声母 h 和声母 sh 的能力。

训练材料：湖、胡、和、荷、画、书、署、鼠、刷、莎等。

（二）以"h"或"sh"为声母的双音节词的听辨练习

成人指着图片读"生活""获胜"等以"h"或"sh"为声母的双音节词语，儿童分别进行跟读。

成人随机读出"生活""获胜"等以"h"或"sh"为声母的双音节词语，儿童听后指出对应的图片。

游戏：木头人

训练方法：成人在发出"生活"等以"sh"作为声母的词语时，儿童可以向前走一步；成人发出"获胜"等以"h"作为声母的词语时，儿童立正不能再前进，做错动作的人出局，最后留下的人获胜。

训练促进点：在不同的词语中让儿童感受声母 h 和声母 sh 发音时的不同。

训练材料：世界、设备、事业、深刻、淑女、说明、好的、环境、很快、汉语、害怕、挥舞等。

三、综合内容练习

（一）单字对比练习

河(hé)（1H-658）蛇(shé)（1S-1586）虎(hǔ)（1H-700）鼠(shǔ)（1S-1674）

坏(huài)（1H-715）帅(shuài)（1S-1687）喊(hǎn)（1H-641）闪(shǎn)（1S-1570）

吼(hǒu)（1H-686）守(shǒu)（1S-1653）

游戏1：虎与鼠

训练方法： 成人随机读出"虎"或"鼠"，儿童听到后要立刻正确地表演老虎或者老鼠的姿态，做错则结束，此游戏可进行多轮。

训练促进点： 从单字出发，循序渐进地提升儿童的辨音能力。

训练材料： 虎、鼠。

游戏2：爬楼梯

训练方法： 成人准备字卡，儿童正确朗读字卡内容则可以上一级台阶，最先走到台阶顶端的人获胜。

训练促进点： 提升儿童"h"和"sh"的发音能力。

训练材料： 河、蛇、虎、鼠、坏、帅、吼、守。

（二）词语对比练习

huā shù
花束（1H-704）　shè huì 社会（1S-1589）　hūn shā 婚纱（1H-744）

hóng shuǐ
洪水（1H-680）　hù shi 护士（1H-703）　shí hóu 石猴（1S-1623）

shuō huǎng
说谎（1S-1697）　shì huái 释怀（1S-1650）　shōu huò 收获（1S-1651）

shā huáng
沙皇（1S-1559）

游戏：齐天大圣摘蟠桃

训练方法： 成人准备孙悟空玩偶、桃子玩偶和词卡，儿童能够正确朗读词卡则孙悟空可以吃到一个桃子，直到孙悟空全部吃完桃子即为获胜。

训练促进点： 在反复练习中训练儿童"h"和"sh"的发音。

训练材料： 花束、社会、婚纱、洪水、护士、石猴等。

（三）短语对比练习

海上的黄昏（1H-727）　合适的守候（1S-1653）
奢侈的生活（1S-1605）厚实的黄沙（1H-727）
获胜的胡适（1H-694）

游戏：保卫萝卜

训练方法：成人准备短语卡片和萝卜玩偶，儿童在规定时间内正确、大声朗读十个短语则成功保护萝卜。

训练促进点：训练儿童"h"和"sh"的发音能力。

训练材料：海上的黄昏、合适的守候、奢侈的生活等。

（四）短句练习

1. 由于商家的疏忽，售后部门面临着巨大的损耗。
2. 书中的火山的形成是利用了一种幻术。
3. 获胜者的花束上有很多蝴蝶飞舞。
4. 漫游书海需要夯实的基础和智慧。
5. 花神是各式各样鲜花的化身。

游戏：故事接龙

训练方法：成人展示短句，儿童正确朗读短句的同时以这个短句为基础讲一个小故事。

训练促进点：促进儿童正确发音的同时，挖掘儿童的想象能力。

训练材料：由于商家的疏忽，售后部门面临着巨大的损耗；书中的火山的形成是利用了一种幻术；获胜者的花束上有很多蝴蝶飞舞；漫游书海需要夯实的基础和智慧；花神是各式各样鲜花的化身。

（五）绕口令练习

华华有两朵黄花

红红有两朵红花

华华要红花

红红要黄花

华华送给红红一朵黄花

红红送给华华一朵红花

游戏：采花小姑娘

训练方法：成人引导儿童正确说出绕口令，正确说出一句绕口令歌谣就可以采下一朵花。

训练促进点：训练儿童的运动能力和正确发音能力。

训练材料：华华有两朵黄花，红红有两朵红花。华华要红花，红红要黄花。华华送给红红一朵黄花，红红送给华华一朵红花。

第十七节　声母 f 和声母 s

一、发音动作训练

"f"和"s"的发音方法相同，都是清、擦音，即在发音时，发音部位相接触，形成窄缝，接着软腭上升，堵塞鼻腔通路，声带不振动，然后使口中的气流从窄缝中挤出，摩擦成声。二者的语音区别性特征，则仅表现为发音部位的差别："f"是唇齿音，由下唇与上齿阻塞气流形成；"s"是舌尖前音，由舌尖与齿背阻塞气流形成，因此形成了一组最小对比对。

针对发音部位的区别性特征的游戏设计：

游戏1：吃果酱

训练方法：将果酱涂在儿童口腔上壁中央，让儿童用上面的牙齿将果酱刮干净，比一比谁刮得又快又好。

游戏促进点：将唇齿音和舌尖前音的差别可视化，帮助儿童区分声母 f 和声母 s。

训练材料：无。

游戏2：吹纸屑

训练方法：可以在桌子上撒一些小纸屑，桌子的另一端放一个盆，然后让小朋友沿着桌子边缘将碎纸屑一起吹到盆里，记得要用上面的牙齿和下面的嘴唇来吹起。

游戏促进点：将唇齿音和舌尖前音的差别可视化，帮助儿童区分声母 f 和声母 s。

训练材料：无。

二、听辨训练

（一）以"f"或"s"为声母的单音节字的听辨练习

成人指着图片读"饭""散"等以"f"或"s"为声母的单音节字，儿童分别进行跟读。

成人随机读出"饭""散"等以"f"或"s"为声母的单音节字，儿童听后指出对应的图片。

游戏：钓鱼能手

训练方法：成人准备多张"f"和"s"的卡片，朗读以"f"或"s"为声母的单音节字，引导儿童分辨后"钓"上相应声母 f 或声母 s 卡片，正确钓鱼数量多者获胜。

训练促进点：通过游戏帮助儿童提升区分声母 f 和声母 s 的能力。

训练材料：发、夫、饭、方、腹、富、妇、佛、法、罚、乏、分、风、副、奉、非、疯、负、粉、飞、份、肥、涩、赛、岁、遂、馊、色、扫、腮、搜、碎、瑟、塞、思、四、私、撕、似、叟、艘、斯、丝等。

（二）以"f"或"s"为声母的双音节词的听辨练习

成人指着图片读"风俗""反思"等以"f"或"s"为声母的双音节词语，儿童分别进行跟读。

成人随机读出"风俗""反思"等以"f"或"s"为声母的双音节词语，儿童听后指出对应的图片。

游戏：挑选汉字

训练方法：成人准备两张口腔嘴型的图片，一个表示唇齿音 f，一个表示舌尖前音 s。成人引导儿童当听到开头为"f"音的词，拿出对应唇齿音的图片；当听到开头为"s"音的词，拿出对应舌尖前音的图片。如成人说"风俗"，让儿童对应地拿出表示唇齿音的图片。

训练促进点：在反复训练中帮助儿童区分唇齿音和舌尖前音。

训练材料：粉丝、发送、反思、分散、放松、飞速、风俗、司法、粉色、送饭等。

三、综合内容练习

（一）单字对比练习

发（1F-432）撒（1S-1542）父（1F-512）苏（1S-1716）
风（1F-481）僧（1S-1557）芳（1F-453）嗓（1S-1551）
饭（1F-448）散（1S-1549）

游戏：**想象的翅膀**

训练方法：成人准备糖果形状的字卡。儿童大声、正确朗读字卡内容后即成功获得糖果，最后获得数量最多的儿童获胜。

训练促进点：由单字出发，循序渐进地提升儿童"f"和"s"的发音能力。

训练材料：发、夫、饭、方、腹、富、妇、佛、法、罚、乏、分、风、副、奉、非、疯、负、粉、飞、份、肥、涩、赛、岁、遂、厚、馊、绘、色、扫、腮、搜、碎、瑟、塞、思、四、私、撕、似、叟、艘、斯、丝等。

（二）词语对比练习

粉丝（1S-1698）发送（1S-1712）反思（1F-444）
分散（1S-1549）放松（1F-461）飞速（1S-1721）
风俗（1F-481）司法（1F-437）粉色（1F-475）
送饭（1F-448）

游戏：**辨认小能手**

训练方法：成人准备若干含有声母f和声母s的词语的图片。成人给儿童展示图片,引导儿童说出"是××的图片"。如儿童说"是粉色的图片",正确发音后成人将图片给儿童,即成功。

训练促进点:将训练融入日常生活情境,不知不觉中提升儿童声母 f 和声母 s 的发音准确度。

训练材料:粉丝、发送、反思、分散、放松、飞速、风俗、司法、送饭等。

(三)短语对比练习

$\overset{fēi}{飞}\overset{sù}{速}\overset{de}{地}\overset{sòng}{送}$饭(1S-1721) $\overset{fěn}{粉}\overset{sè}{色}\overset{de}{的}\overset{fáng}{房}\overset{zi}{子}$(1S-1555)

$\overset{fàng}{放}\overset{sōng}{松}\overset{de}{地}\overset{fēi}{飞}\overset{xiáng}{翔}$(1S-1709) $\overset{fěn}{粉}\overset{sī}{丝}\overset{de}{的}\overset{tóu}{头}\overset{fà}{发}$(1S-1698)

$\overset{xiǎo}{小}\overset{fāng}{芳}\overset{de}{的}\overset{fǎn}{反}\overset{sī}{思}$(1F-453)

游戏:灌篮高手

训练方法:成人准备任意一款篮球玩具。儿童大声、正确朗读一个短语,即可进行一个投篮步骤,完成投篮时间最短的儿童获胜。

训练促进点:训练儿童声母 f 和声母 s 的发音和眼手协调能力。

训练材料:飞速地送饭、粉色的房子、放松地飞翔、粉丝的头发、小芳的反思等。

(四)短句练习

1. 清晨的山峰在阳光照射下仿佛撒满了金粉。
2. 枫树林里有一座粉色的房子。
3. 小芳被惩罚打扫教室和自我反思。
4. 赛马运动是一种使儿童们放松的方式。
5. 嫂嫂命令我飞速地去送饭。

游戏：缩句小能手

训练方法：成人展示短句，儿童大声朗读后对其进行缩句，直至句型最简。如"赛马运动是一种使儿童们放松的方式"缩句为"赛马运动是方式"。成人可在缩句过程中给予儿童适当的指导。

训练促进点：既促进了儿童掌握汉语语法，又提升了儿童的发音水平。

训练材料：清晨的山峰在阳光照射下仿佛撒满了金粉；枫树林里有一座粉色的房子；小芳被惩罚打扫教室和自我反思；赛马运动是一种使儿童们放松的方式；嫂嫂命令我飞速地去送饭。

（五）绕口令练习

风吹水飞，

水飞肥上肥成灰，

风吹随肥化粉飞，

粉在肥里随水吹。

游戏：运送玩偶

训练方法：成人准备一辆玩具小车和一些小玩偶。成人引导儿童正确朗读一句绕口令，小车即可向玩偶"前进"一步，来回总共10步。

训练促进点：以"运送玩偶"为驱动，帮助儿童完成绕口令训练，提升声母 f 和声母 s 的发音能力。

训练材料：风吹水飞，水飞肥上肥成灰，风吹随肥化粉飞，粉在肥里随水吹。

第十八节　声母 sh 和声母 s

一、发音动作训练

"sh"和"s"的发音方法相同，都是清擦音，即在发音时，发音部位相接触，形成窄缝，接着软腭上升，堵塞鼻腔通路，声带不振动，然后使口中的气流从窄缝中挤出，摩擦成声。二者的语音区别性特征，则仅表现为发音部位的差别："sh"是舌尖后音，由舌尖与硬腭前部阻塞气流形成；"s"是舌尖前音，由舌尖与齿背阻塞气流形成，因此形成了一组最小对比对。

针对发音部位的区别性特征的游戏设计：

游戏1：舔舔果酱

训练方法：将果酱涂在儿童硬腭前部，引导其舌尖上翘触碰果酱，并尽可能保持该动作，发"sh"音；将果酱涂在儿童上齿背，引导其舌尖上翘触碰果酱，并尽可能保持该动作，发"s"音。注意体会舌尖位置。

训练促进点：帮助儿童找到不同发音部位，有效区分声母 sh 和声母 s。

训练材料：s、sh。

游戏2：舔酸奶

训练方法：成人将酸奶贴在儿童唇周不同位置，引导儿童只运用舌部力量舔食酸奶，进行多次训练。

训练促进点：锻炼儿童舌肌力量。

训练材料：无。

二、听辨训练

(一) 以"sh"或"s"为声母的单音节字的听辨练习

成人指着图片读"十""四"等以"sh"或"s"为声母的单音节字,儿童分别进行跟读。

成人随机读出"十""四"等以"sh"或"s"为声母的单音节字,儿童听后指出对应的图片。

游戏:采摘能手

训练方法: 成人准备多张含有声母 sh 和声母 s 的单字卡片,朗读单音节字,引导儿童分辨后"摘"下相应卡片,正确采摘数量多者获胜。

训练促进点: 通过游戏帮助儿童提升区分声母 sh 和声母 s 的能力。

训练材料: 撒、萨、赛、三、森、桑、扫、色、寺、思、四、岁、沙、舌、神、声、沈、深、圣、绳、师、实、书、树、叔、熟等。

2. 以 sh 或 s 开头的双音节词的听辨练习

成人指着图片读"寿司""深色"等以"sh"或"s"为声母的双音节词语,儿童分别进行跟读。

成人随机读出"寿司""深色"等以"sh"或"s"为声母的双音节词语,儿童听后指出对应的图片。

游戏:词语大闯关

训练方法: 成人准备含有声母 sh 和声母 s 的词语卡,让儿童自己朗读出声,然后将词卡拆成单字,让儿童将开头带有声母 sh 的字卡放在左侧,把开头带有声母 s 的字卡放在右侧,根据区分结果给予相应奖励。

训练促进点: 通过游戏引导儿童自主区分声母 sh 和声母 s。

训练材料: 申诉、深色、生死、寿司、输送、丧失、四史、宿舍、岁数、损伤、世俗、食宿、随时、厮杀等。

三、综合内容练习

（一）单字对比练习

山（1S-1566） 三（1S-1547） 蛇（1S-1586） 塞（1S-1545）
绳（1S-1608） 僧（1S-1557） 狮（1S-1619） 撕（1S-1703）
树（1S-1679） 素（1S-1720）

游戏：走迷宫

训练方法： 成人准备一个有两个出口的迷宫图案，其中一个出口标拼音"sh"，另一个出口标拼音"s"，另外准备带有声母 sh 和声母 s 的字卡若干，让儿童将字卡从正确的出口拿出。

训练促进点： 加强儿童对声母 sh 和声母 s 的区分，锻炼儿童分析能力和耐心。

训练材料： 撒、萨、赛、三、森、桑、扫、色、岁、四、思、斯、洒、涩、塞、嗇、遂、沙、舌、神、声、沈、深、圣、绳、师、实、寺、书、树、叔、熟、是、石、施、士、识、煞、莎、说、朔等。

（二）词语对比练习

申诉（1S-1593） 深色（1S-1596） 生死（1S-1605）
寿司（1S-1655） 输送（1S-1668） 丧失（1S-1552）
四史（1S-1705） 宿舍（1S-1722） 岁数（1S-1730）
损伤（1S-1735）

游戏：小船过河

训练方法： 成人准备玩具小船和含有声母 sh 和声母 s 的词卡若干，词卡排列于桌面，词卡两侧即为"河"的两岸。儿童正确朗读一个词卡小船即前进一步，直至儿童朗读完所有词卡即过河成功。

训练促进点：在反复练习中训练儿童"sh"和"s"的发音。

训练材料：申诉、深色、生死、寿司、输送、丧失、四史、宿舍、岁数、损伤、世俗、食宿、随时、厮杀等。

（三）短语对比练习

山上的森林（1S-1566）思思的寿司（1S-1701）
深色的首饰（1S-1555）舒适的丝巾（1S-1648）
收拾宿舍（1S-1651）

游戏：连连看

训练方法：成人将准备好的短语拆分成词卡，让儿童将可以组成短语的词卡连在一起，并且朗读出声。

训练促进点：既提高儿童对两音的区分能力，又锻炼儿童的组词能力。

训练材料：山上的森林、思思的寿司、深色的首饰、舒适的丝巾、收拾宿舍、世俗的社会等。

（四）短句练习

1. 思思的丝巾上有闪闪发光的水晶。
2. 叔叔买来了寿司。
3. 姗姗把沙子撒在树下。
4. 十四个少年在诵读诗书。
5. 婶婶的手受了伤。

游戏：缩句小能手

训练方法：成人展示短句，儿童大声朗读后对其进行缩句，直至句型最简。如"思思的丝巾上有闪闪发光的水晶"可缩句为"丝巾上有水晶"。

训练促进点：既训练了儿童对汉语语法的掌握，又提升了儿童声母 sh 和声母 s 的发音水平。

训练材料：思思的丝巾上有闪闪发光的水晶；叔叔买来了寿司；姗姗把沙子撒在树下；十四个少年在诵读诗书；婶婶的手受了伤。

（五）绕口令练习

师部司令部指示：四团十连石连长带四十人在十日四时四十四分按时到达师部司令部，师长召开誓师大会。

游戏：小猴子上树

训练方法：成人准备一个小猴子玩偶和一个树形道具（可以用立式衣架），在树形道具顶端放上糖果。引导儿童说绕口令，每顺利说一句都将小猴子向上移动一段距离，最后引导儿童自己复述绕口令内容，顺利说完后猴子爬上顶端，摘到糖果。

训练促进点：既加强儿童对声母 sh 和声母 s 发音的区分，又锻炼儿童记忆力。

训练材料：师部司令部指示：四团十连石连长带四十人在十日四时四十四分按时到达师部司令部，师长召开誓师大会。

第十九节　声母 x 和声母 s

一、发音动作训练

"x"和"s"的发音方法相同，都是清、擦音，即在发音时，发音部位相接触，形成窄缝，接着软腭上升，堵塞鼻腔通路，声带不振动，然后使口中的气流从窄缝中挤出，摩擦成声。二者的语音区别性特征，则仅表现为发音部位的差别："x"是舌面前音，由舌面前部与硬腭前部阻塞气流形成；"s"是舌尖前音，由舌尖与齿背阻塞气流形成，因此形成了一组最小对比对。

针对发音部位的区别性特征的游戏设计：

游戏 1：吃软糖

训练方法：拿出一片软糖，把它撕成指甲大小，贴在我们上齿背中间，也就是我们门牙的位置，紧接着用舌尖去接触软糖，并从上下牙齿的窄缝中挤出气流，发出"s"音，再用舌面前部与我们的硬腭前部接触，发出"x"音。

训练促进点：通过软糖指引帮助儿童找准发音部位，区分声母 x 和声母 s。

训练材料：x、s。

游戏 2：观察模型再模仿

训练方法：成人准备口腔模型，指导儿童将模型的舌尖移动到上齿背，自己的舌尖做同样动作，进行声母 s 的发音练习。指导儿童将模型的舌面前部移动到硬腭前部，自己的舌面做同样动作，进行声母 x 的发音练习。

训练促进点：通过模型直观找准发音部位，区分声母 x 和声母 s。

训练材料：x、s。

清晰 发音全靠它——声母发音训练

二、听辨训练

（一）以"x"或"s"为声母的单音节字的听辨练习

成人指着图片读"戏""丝"等以"x"或"s"为声母的单音节字，儿童分别进行跟读。

成人随机读出"戏""丝"等以"x"或"s"为声母的单音节字，儿童听后指出对应的图片。

游戏：吸管与纸片

训练方法：成人准备吸管和薄纸片，随机朗读以"x"或"s"为声母的单音节字，当听到"x"音的字，儿童用吸管末端吸住纸片，当听到"s"音的字，儿童用手撕碎纸片。

训练促进点：通过游戏帮助儿童提升区分声母 x 和声母 s 的能力。

训练材料：习、先、想、小、向、行、三、四、所、撒、色、算等。

（二）以"x"或"s"为声母的双音节词的听辨练习

成人指着图片读"相似""线索"等以"x"或"s"为声母的双音节词语，儿童分别进行跟读。

成人随机读出"相似""线索"等以"x"或"s"为声母的双音节词语，儿童听后指出对应的图片。

游戏：穿鞋戴丝巾

训练方法：成人准备榻榻米，儿童脱鞋坐在榻榻米上，面前摆放鞋子和丝巾，鞋子和丝巾分别代表声母 x、声母 s，成人朗读双音节词语，儿童根据以声母 x 或声母 s 为开头的字出现的先后顺序，决定穿鞋和戴丝巾的顺序，并完成穿鞋和戴丝巾的动作。

训练促进点：通过游戏帮助儿童提升区分声母 x、声母 s 二音的能力。

训练材料：线索、相似、小厮、萧瑟、迅速、思想、塑像、缩小、丝线等。

三、综合内容练习

（一）单字对比练习

西（1X-1925） 丝（1S-1698） 小（1X-2004） 扫（1S-1553）
xī　　　　　sī　　　　　xiǎo　　　　sǎo

先（1X-1961） 三（1S-1547） 宣（1X-2068） 蒜（1S-1725）
xiān　　　　 sān　　　　 xuān　　　　 suàn

乡（1X-1981） 桑（1S-1550）
xiāng　　　　sāng

游戏：汉字跳房子

训练方法：成人将训练材料中的汉字随机填写进跳房子的格子中，儿童准确读出格子中的字后可跳入该格子，摔倒或出界则回到起点，最先到达终点者胜利。

训练促进点：在游戏中反复训练，提升儿童发"x"音和"s"音的准确度。

训练材料：习、先、想、小、向、行、三、四、所、撒、色、算等。

（二）词语对比练习

心思（1X-2026） 线索（1X-1975） 相似（1S-1707）
xīn sī　　　　　xiàn suǒ　　　　　xiāng sì

小厮（1X-2004） 萧瑟（2S-657） 迅速（1S-1721）
xiǎo sī　　　　xiāo sè　　　　　xùn sù

思想（1X-1992） 塑像（1S-1723） 缩小（1S-1737）
sī xiǎng　　　　sù xiàng　　　　 suō xiǎo

丝线（1S-1698）
sī xiàn

游戏：钓鱼

训练方法：成人准备玩具鱼和钓竿，鱼肚子内装词语卡片，儿童将鱼钓到岸上，打开鱼肚子取出词语卡片，准确朗读词语。

训练促进点：在反复练习中训练儿童"x"和"s"的发音。

训练材料：心思、线索、相似、小厮、萧瑟、迅速、思想、塑像、缩小、丝线等。

（三）短语对比练习

相似的线索（1S-1707） 司令的塑像（1S-1723）
萧瑟的小山（1X-2004） 狭小的心思（1X-2026）
散乱的丝线（1S-1549）

游戏：连连看

训练方法：成人将训练材料中的短语形容词或副词部分与后面的名词拆分开，分别写在两张卡片上，打乱后儿童将其准确配对并朗读。

训练促进点：在反复练习中训练儿童"x"和"s"的发音。

训练材料：相似的线索、司令的塑像、萧瑟的小山、狭小的心思、散乱的丝线等。

（四）短句练习

1. 成箱的西瓜塞在车里。
2. 先前的下属把地面打扫得很干净。
3. 乡村的森林里，发出吓人的响声。
4. 西方人以崇拜撒旦为习俗。
5. 分析天气预报得知，今天看比赛需要带伞。

游戏：圈圈"x"和"s"

训练方法：成人展示短句，儿童一边朗读，一边用圆形圈出声母是"x"的字，用三角形圈出声母是"s"的字。

训练促进点：读写结合，训练儿童对声母x和声母s的掌握。

训练材料：成箱的西瓜塞在车里；先前的下属把地面打扫得很干净；乡村的森林里，发出吓人的响声；西方人以崇拜撒旦为习俗；分析天气预报得知，今天看比赛需要带伞。

（五）绕口令练习

石小四年十四，

史肖石年四十。

一同来到小教室，

丝纫线，线纫丝，

新丝新线心情新。

游戏：正反绕口令

训练方法：成人与儿童一组，一人出题，随机读绕口令中的一句，顺读或逆读均可，另一人要与前一人读的相反，然后交换出题人，五轮后，出错少的人可获得奖励。

训练促进点：通过游戏训练儿童发音能力。

训练材料：石小四年十四，史肖石年四十。一同来到小教室，丝纫线，线纫丝，新丝新线心情新。

第二十节　声母 z 和 zh

一、发音动作训练

"z"和"zh"的发音方法相同，都是不送气、清、塞擦音，即在发音时，发音部位相接触，形成闭塞，接着软腭上升，堵塞鼻腔通路，声带不振动，然后使口中微弱的气流把发音部位形成的阻碍冲开一道窄缝，并从中挤出，摩擦成声。二者的语音区别性特征，则仅表现为发音部位的差别："z"是舌尖前音，由舌尖与齿背阻塞气流形成；"zh"是舌尖后音，由舌尖与硬腭前部阻塞气流形成，因此二者形成了一组最小对比对。

针对发音部位的区别性特征的游戏设计：

游戏：吃棒棒糖

训练方法：成人用棒棒糖涂抹儿童口腔的上齿背，使儿童用舌尖抵住被棒棒糖涂抹的部分形成阻碍，再轻轻送气冲破阻碍发出"z"音；成人再用棒棒糖涂抹儿童口腔的硬腭前部，使儿童用舌尖抵住被棒棒糖涂抹的部分形成阻碍，再轻轻送气冲破阻碍发出"zh"声。

训练促进点：帮助儿童找到不同发音部位，有效区分声母 z 和声母 zh。

训练材料：z、zh。

游戏：舔海苔

训练方法：成人将海苔沾水贴在儿童唇周不同位置，引导儿童只运用舌部力量舔食海苔，进行多次训练。

训练促进点：锻炼儿童舌肌力量。

训练材料：无。

二、听辨训练

（一）以"z"或"zh"为声母的单音节字的听辨练习

成人指着图片读"杂""扎"等以"z"或"zh"为声母的单音节字，儿童分别进行跟读。

成人随机读出"杂""扎"等以"z"或"zh"为声母的单音节字，儿童听后指出对应的图片。

游戏：采摘能手

训练方法：成人准备多张含声母 zh 或声母 z 的单字卡片，朗读单音节字，引导儿童分辨后"摘"下相应"zh"或"z"卡片，正确采摘数量多者获胜。

训练促进点：通过游戏帮助儿童提升区分声母 zh 和声母 z 的能力。

训练材料：砸、杂、再、咱、脏、早、遭、怎、字、资、姊、姿、唓、臜、扎、最、嘴、咀、炸、渣、宅、斋、崭、盏、章、账、赵、镇、之、只、蜘、珍、珠、枕等。

（二）以"z"或"zh"为声母的双音节词的听辨练习

成人指着图片读"侄子""组织"等以"z"或"zh"为声母的双音节词语，儿童分别进行跟读。让儿童辨认成人发音时是否送气，并进行自我感受，在读词语时将送气与不送气的图片分类。

成人随机读出"侄子""组织"等以"z"或"zh"为声母的双音节词语，儿童听后指出对应的图片。

游戏：词语大闯关

训练方法：成人准备含有声母 zh 和声母 z 的词语卡，让儿童自己朗读出声，将带有声母 zh 的词语卡放在左侧，把带有声母 z 的词语卡放在右侧，根据区分结果给予相应奖励。

训练促进点：通过游戏引导儿童自主区分声母 zh 和声母 z。

训练材料：砸、杂、再、咱、脏、早、遭、怎、字、资、姊、姿、唓、

285

臜、扎、最、嘴、咀、炸、渣、宅、斋、崭、盏、章、账、赵、镇、之、只、蜘、珍、珠、枕等。

三、综合内容练习

（一）单字对比练习

杂(zá)（1Z-2287） 扎(zhā)（1Z-2321） 沾(zhān)（1Z-2328） 赞(zàn)（1Z-2297）
障(zhàng)（1Z-2343） 脏(zāng)（1Z-2298） 照(zhào)（1Z-2349） 早(zǎo)（1Z-2302）
织(zhī)（1Z-2384） 子(zǐ)（1Z-2470）

游戏： 走迷宫

训练方法： 成人准备一个有两个出口的迷宫图案，其中一个出口标声母 z，另一个出口标声母 zh，另外准备带有声母 z 和声母 zh 的字的字卡若干，让儿童将字卡从正确的出口拿出。

训练促进点： 加强儿童对声母 z 和声母 zh 的区分，锻炼儿童分析能力和耐心。

训练材料： 杂、扎、沾、赞、早、织等。

（二）词语对比练习

尊重(zūn zhòng)（1Z-2493） 振作(zhèn zuò)（1Z-2364） 自治区(zì zhì qū)（1Z-2473）
作战(zuò zhàn)（1Z-2497） 作者(zuò zhě)（1Z-2354） 作证(zuò zhèng)（1Z-2374）
总之(zǒng zhī)（1Z-2478） 组织(zǔ zhī)（1Z-2486） 制造(zhì zào)（1Z-2307）
自主(zì zhǔ)（1Z-2435）

游戏：小船过河

训练方法：成人准备玩具小船以及由声母 zh 和声母 z 组成的词语的词卡若干，词卡排列于桌面，词卡两侧即为"河"的两岸。儿童正确朗读一个词卡小船即前进一步，直至儿童朗读完所有词卡即过河成功。

训练促进点：在反复练习中训练儿童"zh"和"z"的发音。

训练材料：侄子、自主、资质、自治、振作、制造、总之、组织、作者、尊重等。

（三）短语对比练习

紫色的蚊帐（1Z-2471） 赠送芝麻糖（1Z-2319）
煮紫米粥（1Z-2436） 专业的演奏（1Z-2449）
制造武器（1Z-2403）

游戏：连连看

训练方法：成人将准备好的短语拆分成词卡，让儿童将可以组成短语的词卡连在一起，并且朗读出声。

训练促进点：既提高儿童对两音的区分能力，又锻炼儿童的组词能力。

训练材料：紫色的蚊帐、赠送芝麻糖、煮紫米粥、专业的演奏、制造武器、壮族自治区等。

（四）短句练习

1. 请拿一张白纸来听写生字。
2. 张成人的课堂总是很有趣。
3. 他是一位资深的政治家。
4. 我想再买一本脂批本《红楼梦》。
5. 今天早上天气真好。

游戏：缩句小能手

训练方法：成人展示短句，儿童大声朗读后对其进行缩句，直至句型最简。如"他是一位资深的政治家"可缩句为"他是政治家"。

训练促进点：既训练了儿童对于汉语语法的掌握，又提升了儿童声母 zh 和声母 z 的发音水平。

训练材料：请拿一张白纸来听写生字；张成人的课堂总是很有趣；他是一位资深的政治家；我想再买一本脂批本《红楼梦》；今天早上天气真好。

（五）绕口令练习

有个好儿童，拿张图画纸，来到石院子，学画石狮子。一天来画一张纸，十天来画十张纸。次次画石狮子，天天画石狮子，死狮子画成了活狮子。

游戏：画图说话

训练方法：成人准备画纸和画笔，以绕口令"有个好儿童，拿张图画纸，来到石院子，学画石狮子。一天来画一张纸，十天来画十张纸。次次画石狮子，天天画石狮子，死狮子画成了活狮子"为背景，成人说一句，让儿童画一步，全部画完后让儿童自己看着图片复述绕口令。

训练促进点：一方面加强儿童对声母 zh 和声母 z 发音的区分，同时培养儿童的画画能力以及记忆力。

训练材料：有个好儿童，拿张图画纸，来到石院子，学画石狮子。一天来画一张纸，十天来画十张纸。次次画石狮子，天天画石狮子，死狮子画成了活狮子。

第二十一节　声母 h 和声母 s

一、发音动作训练

"h"和"s"发音方法相同，都是清擦音，即在发音时，发音部位相接触，形成窄缝，接着软腭上升，堵塞鼻腔通路，声带不振动，然后使口中的气流从窄缝中挤出，摩擦成声。二者的语音区别性特征，则仅表现为发音部位的差别："h"是舌面后音，由舌面后部与软腭阻塞气流形成；"s"是舌尖前音，由舌尖与齿背阻塞气流形成，因此二者形成了一组最小对比对。

针对发音部位的区别性特征的游戏设计：

游戏 1：舌头运动

训练方法：家长可以将蜂蜜涂在儿童的上齿背和软腭，然后鼓励儿童用舌头把蜂蜜舔干净。

游戏促进点：将舌面后音和舌尖前音的差别可视化，帮助儿童区分声母 h 和 s。

训练材料：无。

游戏 2：扮鬼脸

训练方法：让儿童面对镜子玩扮鬼脸的游戏，做不同的嘴型发"h"音和"s"音。

游戏促进点：将舌面后音和舌尖前音的差别可视化，帮助儿童区分声母 h 和 s。

训练材料：无。

二、听辨训练

（一）以"h"或"s"为声母的单音节字的听辨练习

成人指着图片读"好""扫"等以"h"或"s"为声母的单音节字，儿童分别进行跟读。

成人随机读出"好""扫"等以"h"或"s"为声母的单音节字，儿童听后指出对应的图片。

游戏：钓鱼能手

训练方法：成人准备多张含有声母h和声母s的字的卡片，朗读单音节字，引导儿童分辨后"钓"上相应卡片，正确钓鱼数量多者获胜。

训练促进点：通过游戏帮助儿童提升区分声母h和声母s的能力。

训练材料：河、好、孩、后、回、和、喝、豪、海、害、猴、厚、绘、黑、吼、骸、褐、惠、虎、何、涩、赛、岁、遂、馊、绘、色、扫、腮、搜、碎、瑟、塞、思、四、私、撕、似、叟、艘、斯、丝等。

（二）以"h"或"s"为声母的双音节词的听辨练习

成人指着图片读"黑色""欢送"等以"h"或"s"为声母的双音节词语，儿童分别进行跟读。

成人随机读出"黑色""欢送"等以"h"或"s"为声母的双音节词语，儿童听后指出对应的图片。

游戏：挑选汉字

训练方法：成人准备两张口腔嘴型的图片，一个表示舌面后音，一个表示舌尖前音。成人引导儿童根据所读的双音节词语的开头声母来区别这两张图片。如成人说"欢送"，儿童应对应地拿出表示舌面后音的图片。

训练促进点：在反复训练中帮助儿童区分唇齿音和舌面前音。

训练材料：黑色、划算、核酸、欢送、挥洒、褐色、送货、赛后、撕毁、散伙等。

三、综合内容练习

（一）单字对比练习

河（1H-658） 色（1S-1555） 好（1H-649） 扫（1S-1553）
孩（1H-633） 腮（2S-651） 后（1H-687） 搜（1S-1714）
回（1H-735） 碎（1S-1732）

游戏：释义小能手

训练方法：成人准备字卡。儿童大声、正确朗读字卡内容并解释出其所代表的意思，即为成功，最后正确率最高的儿童获胜。

训练促进点：由单字出发，循序渐进地提升儿童"h"和"s"的发音能力。

训练材料：河、好、孩、后、回、和、喝、豪、海、害、猴、厚、绘、黑、吼、骸、褐、惠、虎、何、涩、赛、岁、遂、馊、绘、色、扫、腮、搜、碎、瑟、塞、思、四、私、撕、似、叟、艘、斯、丝等。

（二）词语对比练习

褐色（1H-663） 换算（1H-722） 核酸（1H-659）
欢送（1H-716） 挥洒（1H-732） 碎花（1S-1732）
送货（1S-1712） 赛后（1S-1546） 撕毁（1S-1703）
散伙（1S-1549）

游戏：积分竞赛

训练方法：成人准备词卡5张，词卡排列于桌面，儿童正确朗读一个词卡则积1分，直至儿童朗读完所有词卡并积分为5即为成功。

训练促进点：在反复练习中训练儿童"h"和"s"的发音。

训练材料：黑色、划算、核酸、欢送、挥洒、碎花、送货、赛后、撕毁、散伙等。

（三）短语对比练习

素色的碎花（1S-1732）　送货员的呼喊（1H-691）

赛后会合（1H-739）　　　堵塞的河流（1H-658）

恍惚地思索（1S-1701）

游戏：灌篮高手

训练方法：成人准备任意一款篮球玩具。儿童正确、大声朗读一个短语，即可进行一个投篮步骤，完成投篮时间最短的儿童胜利。

训练促进点：训练儿童"h"和"s"的发音和眼手协调能力。

训练材料：素色的碎花、送货员的呼喊、赛后会合、恍惚地思索、撕毁绘本、赛后会合等。

（四）短句练习

1. 他在赛场上挥洒汗水。

2. 素色的碎花布也能做出豪华的衣服。

3. 人们欢送着皇后离开。

4. 她撕毁了那幅关于荷花的绘画作品。

游戏：扩句小能手

训练方法：成人展示短句，儿童大声朗读后对其进行扩句。如"他在赛场上挥洒汗水"扩句为"帅气的他努力在赛场上挥洒汗水"。成人可在扩句过程中给予儿童适当的指导。

训练促进点：既训练了儿童对于汉语语法的掌握，又提升了儿童"h"和

"s"的发音水平。

训练材料：他在赛场上挥洒汗水；素色的碎花布也能做出豪华的衣服；人们欢送着皇后离开；她撕毁了那幅关于荷花的绘画作品。

（五）绕口令练习

老虎喝水，呵呵呵，

蚕儿吐丝，嘶嘶嘶。

老虎喝水水，水里有老虎；

蚕儿吐丝丝，丝里变蝴蝶。

游戏：运送零食

训练方法：成人准备一辆玩具小车和一些小零食。成人引导儿童正确朗读一句绕口令，小车即可向零食"前进"一步，来回总共10步。

训练促进点：以"运送零食"为驱动，帮助儿童完成绕口令训练，提升儿童"h"和"s"的发音能力。

训练材料：老虎喝水，呵呵呵，蚕儿吐丝，嘶嘶嘶。老虎喝水水，水里有老虎；蚕儿吐丝丝，丝里变蝴蝶。

第二十二节　声母 q 和声母 c

一、发音动作训练

"q"和"c"的发音方法相同，都是送气、清、塞擦音，即在发音时，发音部位相接触，形成闭塞，接着软腭上升，堵塞鼻腔通路，声带不振动，然后使口中较强的气流把发音部位形成的阻碍冲开一道窄缝，并从中挤出，摩擦成声。二者的语音区别性特征，则仅表现为发音部位的差别："q"是舌面前音，由舌面前部与硬腭前部阻塞气流形成；"c"是舌尖前音，由舌尖与齿背阻塞气流形成，因此二者形成了一组最小对比对。

针对发音部位的区别性特征的游戏设计：

游戏1：舔酸奶

训练方法：成人可以将酸奶涂在儿童的舌面和舌尖，然后鼓励儿童发音。

游戏促进点：将舌面前音和舌尖前音的差别可视化，帮助儿童区分声母 q 和声母 c。

训练材料：无。

游戏2：哈哈镜

训练方法：让儿童面对镜子，做不同的嘴型发"q"音和"c"音。

游戏促进点：将舌面前音和舌尖前音的发音嘴型差别可视化，帮助儿童区分声母 q 和声母 c。

训练材料：无。

二、听辨训练

（一）以"q"或"c"为声母的单音节字的听辨练习

成人指着图片读"气""刺"等以"q"或"c"为声母的单音节字，儿童分别进行跟读。

成人随机读出"气""刺"等以"q"或"c"为声母的单音节字，儿童听后指出对应的图片。

游戏：摘花能手

训练方法：成人准备多张含有声母q和c的字的卡片，朗读单音节字，引导儿童分辨后"摘"得相应卡片，正确摘花数量多者获胜。

训练促进点：通过游戏帮助儿童提升区分声母q和声母c的能力。

训练材料：气、裙、区、圈、七、琪、期、齐、起、骑、旗、戚、切、且、窃、妾、怯、求、秋、邱、刺、村、粗、窜、醋、存、词、簇、促、瓷、此、寸、测、侧、策、兹、茨、慈、忖、搋等。

（二）以"q"或"c"为声母的双音节词的听辨练习

成人指着图片读"器材""青草"等以"q"或"c"为声母的双音节词语，儿童分别进行跟读。

成人随机读出"器材""青草"等以"q"或"c"声母的双音节词语，儿童听后指出对应的图片。

游戏：挑选汉字

训练方法：成人准备两张口腔嘴型的图片，一个表示舌面前音，一个表示舌尖前音。成人引导儿童根据双音节词语的开头声母来区别这两张图片。如成人说"器材"，儿童应对应地拿出表示舌面前音的图片。

训练促进点：在反复训练中帮助儿童区分舌面前音和舌尖前音。

训练材料：圈层、器材、切菜、千层、取餐、青草、其次、瓷器、彩旗、残缺、草裙、存取等。

三、综合内容练习

（一）单字对比练习

气（1Q-1423） 刺（1C-282） 裙（1Q-1502） 村（1C-294）
区（1Q-1479） 粗（1C-289） 圈（1Q-1489） 窜（2C-118）
枪（1Q-1442） 苍（1C-160）

游戏：想象的翅膀

训练方法：成人准备葡萄形状的字卡。儿童大声、正确朗读字卡内容后即成功"摘"得葡萄，最后摘得数量最多的儿童获胜。

训练促进点：由单字出发，循序渐进地提升儿童声母 q 和声母 c 的发音能力。

训练材料：气、裙、区、圈、七、琪、期、齐、起、骑、旗、戚、切、且、窃、妾、怯、求、秋、邱、刺、村、粗、窜、醋、存、词、簇、促、瓷、此、寸、测、侧、策、兹、茨、慈、忖、撺等。

（二）词语对比练习

瓷器（1C-275） 青草（1Q-1463） 器材（1Q-1428）
切菜（1Q-1453） 千层（1Q-1430） 取餐（1Q-1485）
彩旗（1C-149） 残缺（1C-155） 草裙（1C-166）
存取（1C-295）

游戏：积分竞赛

训练方法：成人准备词卡5张，词卡排列于桌面，儿童正确朗读一个词卡积1分，直至儿童朗读完所有词卡并积分为5即为成功。

训练促进点：在反复练习中训练儿童"q"和"c"的发音。

训练材料：圈层、器材、切菜、千层、取餐、青草、其次、存取、瓷器等。

（三）短语对比练习

残缺的瓷器（1C-275）　切磋词曲（1Q-1480）

轻擦器材（1Q-1465）　全村的奇才（1Q-1414）

从前的彩券（1C-149）

游戏：灌篮高手

训练方法：成人准备任意一款篮球玩具。儿童大声、正确朗读一个短语，即可进行一个投篮步骤，完成投篮时间最短的儿童胜利。

训练促进点：训练儿童"q"和"c"的发音和眼手协调能力。

训练材料：残缺的瓷器、切磋词曲、轻擦器材、全村的奇才、从前的彩券。

（四）短句练习

1. 青草长得郁郁葱葱。
2. 你的眼睛宛若苍穹中璀璨的明星。
3. 他们为这场盛宴准备了气球和彩旗。
4. 玩捉迷藏前要先猜拳。
5. 从此，全村都种起了芹菜。

游戏：缩句小能手

训练方法：成人展示短句，儿童大声朗读后对其进行缩句。如"你的眼睛宛若苍穹中璀璨的明星"缩句为"眼睛宛若明星"。成人可在缩句过程中给予儿童适当的指导。

训练促进点：既训练了儿童对于汉语语法的掌握，又提升了儿童声母 q 和声母 c 的发音水平。

训练材料： 青草长得郁郁葱葱；你的眼睛宛若苍穹中璀璨的明星；他们为这场盛宴准备了气球和彩旗；玩捉迷藏前要先猜拳；从此，全村都种起了芹菜。

（五）绕口令练习

粗出气种谷，出气粗喂猪。
粗出气种的谷，谷穗长得长又粗。
出气粗喂的猪，身子长得胖乎乎。
出气粗的胖乎乎的大肥猪，
偷吃了粗出气又长又粗的品种谷。
粗出气用锄打出气粗胖乎乎的大肥猪，
出气粗家胖乎乎的大肥猪，
再也不吃粗出气家的又长又粗的品种谷。

游戏：运送零食

训练方法： 成人准备一辆玩具小车和一些小零食。成人引导儿童正确朗读一句绕口令，小车即可向零食"前进"一步，来回总共10步。

训练促进点： 以"运送零食"为驱动，帮助儿童完成绕口令训练，提升声母 q 和声母 c 的发音能力。

训练材料： 粗出气种谷，出气粗喂猪。粗出气种的谷，谷穗长得长又粗。出气粗喂的猪，身子长得胖乎乎。出气粗的胖乎乎的大肥猪，偷吃了粗出气又长又粗的品种谷。粗出气用锄打出气粗胖乎乎的大肥猪，出气粗家胖乎乎的大肥猪，再也不吃粗出气家的又长又粗的品种谷。

第二十三节　辅音 n 和 ng

一、发音动作训练

"n"和"ng"的发音方法相同，都是鼻音、浊音，即在发音时，发音部位相抵住，形成闭塞，接着软腭下降，打开鼻腔通路，气流振动声带，并从鼻腔流出形成鼻音。二者的语音区别性特征，则仅表现为发音部位的差别："n"是舌尖中音，由舌尖与上齿龈阻塞气流形成；"ng"是舌面后音，由舌面后部与软腭阻塞气流形成，因此二者形成了一组最小对比对。

针对发音部位的区别性特征的游戏设计：

游戏1：舔舔果酱

训练方法：成人将果酱涂抹在儿童的上齿龈，指导儿童用舌尖抵住上齿龈的果酱，保持动作发"n"音；成人将果酱涂抹在儿童的软腭，指导儿童用舌根抵住软腭的果酱，保持动作发"ng"音。

训练促进点：通过果酱帮助儿童找准发音部位，区分"n"音和"ng"音。

训练材料：无。

游戏2：照镜子

训练方法：成人在镜子上绘制两张开合度与"n""ng"发音时开合度相同的嘴巴，儿童站在镜子前，将嘴巴张开到与绘制的嘴对应的大小后，进行发音练习。

训练促进点：通过区分口型的开合度找准发音部位，区分"n"音和"ng"音。

训练材料：无。

二、听辨训练

（一）以"n"或"ng"为韵尾的单音节字的听辨练习

成人指着图片读"金""京"等以"n"或"ng"为韵尾的单音节字，儿童分别进行跟读。

成人随机读出"金""京"等以"n"或"ng"为韵尾的单音节字，儿童听后指出对应的图片。

游戏：金子和镜子

训练方法：成人准备金子样式的巧克力以及小镜子若干，朗读以"n"或"ng"为韵尾的单音节字，引导儿童当听到以"n"为韵尾的字时取出金子巧克力，当听到以"ng"为韵尾的字时取出镜子。

训练促进点：通过游戏帮助儿童提升区分"n"和"ng"的能力。

训练材料：金、品、摁、勤、敏、欣、昂、迎、平、并、明、行等。

（二）以"n"或"ng"为韵尾的双音节词的听辨练习

成人指着图片读"真正""山上"等以"n"或"ng"为韵尾的双音节词语，儿童分别进行跟读。

成人随机读出"真正""山上"等以"n"或"ng"为韵尾的双音节词语，儿童听后指出相应的图片。

游戏：大还是小

训练方法：成人准备两张嘴巴开合度大小不同的图片（大的表示 ng，小的表示 n），背对儿童，朗读以"n"或"ng"为韵尾的双音节词语，儿童听到以"n"为韵尾的双音节词时，举起嘴巴开合度小的图片，听到以"ng"为韵尾的双音节词时，举起嘴巴开合度大的图片。

训练促进点：在反复训练中帮助儿童区分"n"和"ng"的发音部位。

训练材料：真正、紧张、拼命、亲兵、银瓶、灯芯、迎宾、名品、平心、轻音等。

三、综合内容练习

(一) 单字对比练习

金(1J-881) 京(1J-896) 琴(1Q-1460)
晴(1Q-1469) 森(1S-1556) 僧(1S-1557)
针(1Z-2357) 蒸(1Z-2371) 神(1S-1597)
绳(1S-1608)

游戏：听听对不对

训练方法：成人准备图片字卡两套，儿童和成人为一组，分别拿到一模一样的字卡，其中一人随机抽取自己手中的一张字卡并朗读，另一人听辨发音是否准确，若准确，则从自己手中找出对应的字卡并跟读，若不准确，则摇头示意对方重新发音。

训练促进点：同时完成听辨和发音两种训练，提升儿童发"n"音和"ng"的准确度。

训练材料：金、茎、琴、晴、森、僧、针、蒸、绳等。

(二) 词语对比练习

阴影(1Y-2183) 真正(1Z-2360) 上山(1S-1577)
神圣(1S-1597) 亲情(1Q-1457) 民兵(1M-1242)
品评(1P-1382) 僧人(1S-1557) 清新(1Q-1467)
生擒(1S-1605)

游戏：我来讲故事

训练方法：成人准备词卡若干，儿童随机抽取并用多张词卡造句，最好形成一个小故事，所有词卡均被提及后游戏结束。

训练促进点：在反复练习中训练儿童"n"和"ng"的发音。

训练材料：阴影、真正、上山、神圣、亲情、民兵、僧人、清新、生擒等。

（三）短语对比练习

zhēn zhèng de mín bīng　　　　　shén shèng de qīn qíng
真正的民兵（1M-1242）神圣的亲情（1Q-1457）
sēng rén de zhēn jīng　　　　　qīng xīn de xiāng bīn
僧人的真经（1Z-2360）清新的香槟（1X-1983）
xìn yǎng jiān dìng
信仰坚定（1J-810）

游戏：攒金子

训练方法：成人准备金子样式巧克力若干，儿童第一遍就准确朗读一个短语可得三颗"金子"，不准确进行第二遍朗读，准确可得两颗，以此类推。所有短语朗读结束后，儿童可凭借"金子"向成人换取不同价格的礼物。

训练促进点：在反复练习中训练儿童"n"和"ng"的发音。

训练材料：真正的民兵、神圣的亲情、僧人的真经、清新的香槟、信仰坚定等。

（四）短句练习

1. 我们热爱祖国，有坚定的理想信念。
2. 金色的阳光笼罩着清新的草坪。
3. 僧人们在早晨诵读真经。
4. 真正的亲情无法用金钱衡量。
5. 天气晴朗，小姑娘上山采蘑菇了。

游戏：我会区分 n 和 ng

训练方法：成人展示短句，儿童一边朗读，一边在以"n"和"ng"为韵尾的字上方标注"n"或"ng"。

训练促进点：读写结合，训练儿童对"n"和"ng"的掌握。

训练材料：我们热爱祖国，有坚定的理想信念；金色的阳光笼罩着清新的草坪；僧人们在早晨诵读真经；真正的亲情无法用金钱衡量；天气晴朗，小姑娘上山采蘑菇了。

（五）绕口令练习

小青和小琴，
小琴手很勤，
小青人很精，
手勤人精，
琴勤青精。
你是学小琴？
还是学小青？

游戏：小青和小琴

训练方法：成人和儿童分别扮演小青和小琴，分别对应"n"和"ng"，两人轮流反复朗读绕口令，读到与自己名字相同韵尾的字时可前进一步，未前进视为自动放弃前进机会，错误前进视为出错，惩罚后退三步，共读两遍，每遍儿童代表的角色不同。两遍读完后，前进得远的人获得胜利。

训练促进点：通过游戏训练儿童反应能力、发音能力。

训练材料：小青和小琴，小琴手很勤，小青人很精，手勤人精，琴勤青精。你是学小琴？还是学小青？

后　记

　　这本书受到了下列项目资助，是下列项目的结项成果之一："智能儿童语言障碍矫正治疗机器人产业化开发"（吉林省科技发展计划项目，项目批准号：20210401170YY）、"学习障碍儿童多模态智能诊疗系统研发与应用创新团队"（吉林省科技发展计划项目，项目批准号：20240601003RC）、"学习障碍儿童矫治康复机器人"（吉林大学第一医院成果转化基金资助项目，项目批准号：JDYYZH-2023008）。

　　本书亦受到语芯伴健康管理（长春）有限责任公司和东北师范大学语言健康与智慧应用研究中心的资助。

　　本书从立意到出版，历时三年有余，能够完成这一研究，得到了多方面的指导和帮助，这其中包括临床医生、小学一线语文教师、东北师范大学语言健康与智慧研究中心的部分成员和《光明日报》出版社的编辑老师们。因为有了他们的无私帮助和辛勤付出，本书才得以顺利出版。

　　吉林大学第一医院发育行为儿科主任贾飞勇先生对本书进行了医学指导并对全书内容进行了审定；董涵宇、张尊伟和潘秀雨医生为本书的矫治方法给出了宝贵的建议。

　　东北师范大学附属小学教学团队：卜庆刚、孙劼、袁丽敏、江玉、孙千卉、王艳斌、高珊、孙笛老师为本书的矫治方案设计提出了专业建议。

　　长春教育学院的闫峰老师参与了本书的整体矫治方案架构设计。

　　湖南省怀化市启音康复教育服务中心的鲁天珍老师为本书提出了特殊教育专业的宝贵意见。

　　东北师范大学语言健康与智慧应用研究中心的儿童构音障碍辅音矫治小组成员，对本书矫治材料进行了校对和编排，对书中匹配的游戏进行了精心设计，充分发挥了成员师范专业的特长，如今他们有的未完成学业，有的在更高的学府继续深造，有的已经正式工作，继续为教育事业奉献自己的力量，

后 记

他们是：

组长：孟德玲（大同市第一中学校）；

副组长：武飞宇、韩馨瑶；

组员：郭美彤、陈冰妍、聂舒湄、窦晨影（天津市南开中学滨海生态城学校）、华柏卿、邝润丹、阙琳倩、闫薪弛（长春市实验中学）、于欣可（沈阳市第二中学）、郑丹丹（湖北省巴东县第一高级中学）、庞佳鑫（长春市第八十七中学小学部）、罗丹丹（成都市新都区桂林小学校）、葛晓妍（广州市黄埔区教育局研究院实验小学）、阿怀全（呼和浩特市国星中学）、张博雅、李婕、孙国婧（理想众望教育科技有限公司天津分公司）、郑龙吉（北华大学）。

胡雪婵

2024年5月于东北师范大学语言健康与智慧应用研究中心